TORONTO MEDIEVAL LATIN TEXTS 17

TORONTO MEDIEVAL LATIN TEXTS

Nigel of Canterbury
Miracles of the
Virgin Mary, in verse

MIRACULA SANCTE DEI GENITRICIS VIRGINIS MARIE, VERSIFICE

Edited from
British Library MS. Cotton Vespasian D.xix
by
JAN ZIOLKOWSKI

Published for the
CENTRE FOR MEDIEVAL STUDIES
by the
PONTIFICAL INSTITUTE OF MEDIAEVAL STUDIES
Toronto

Canadian Cataloguing in Publication Data

Wireker, Nigellus, ca. 1130-ca. 1200.
 Miracles of the Virgin Mary, in verse = Miracula
sancte dei genitricis virginis Marie, versifice

(Toronto medieval Latin texts, ISSN 0082-5050 ; 17)
Text in Latin; introduction in English.
Bibliography: p.
ISBN 0-88844-467-2.

1. Mary, Blessed Virgin, Saint - Apparitions and
miracles - Poetry. I. Ziolkowski, Jan. II. British
Library. Manuscript. Cottonian Vespasian D XIX,
fol. 5-24. III. Pontifical Institute of Mediaeval
Studies. IV. Title. V. Title: Miracula sancte dei
genitricis virginis Marie, versifice. VI. Series.

PA8445.W5M57 1986   871'.03   C86-094912-5

© 1986 by
The Pontifical Institute of Mediaeval Studies
59 Queen's Park Crescent East
Toronto, Ontario, Canada M5S 2C4

Distributed outside North America by
E. J. Brill, Leiden, The Netherlands
 (Brill ISBN 90 04 08317 0)

To Mary
and to the memory of Hermann

PREFACE

The Toronto Medieval Latin Texts series is published for the Centre for Medieval Studies, University of Toronto, by the Pontifical Institute of Mediaeval Studies. The series is intended primarily to provide editions suitable for university courses and curricula, at a price within the range of most students' resources. Many Medieval Latin texts are available only in expensive scholarly editions equipped with full textual apparatus but with little or no annotation for the student; even more are out of print, available only in libraries; many interesting texts still remain unedited.

Editions in this series are usually based on one manuscript only, with a minimum of textual apparatus; emendations are normally made only where the text fails to make sense, not in order to restore the author's original version. Editors are required to select their manuscript with great care, choosing one that reflects a textual tradition as little removed from the original as possible, or one that is important for some other reason (such as a local variant of a text, or a widely influential version). Manuscript orthography and syntax are carefully preserved.

The Editorial Board is not merely supervisory: it is responsible for reviewing all proposals, for examining all specimens of editors' work, and for the final reading of all editions submitted for publication; it decides on all matters of editorial policy. Volumes are printed by photo-offset lithography, from camera-ready copy typed on an IBM Composer.

As General Editor, I would like to thank the Centre for Medieval Studies and its Directors, past and present, for their continuing support and encouragement at all stages in the development of the series.

A.G.R.

ACKNOWLEDGMENTS

This book originated in the academic year 1980-81, when I was a Fellow of the American Academy in Rome. To the Academy and to Dumbarton Oaks I am deeply grateful for the tranquillity and productivity of the year which they jointly funded. To the Trustees of the British Museum I feel a similar gratitude, both for providing an atmosphere in which a scholar may thrive and for granting me permission to consult the manuscripts upon which this edition is based.

    To move from institutions, I would like to express my warm thanks to two individuals. The editorial acumen of D.R. Shackleton Bailey, who kindly read the first typed draft of this edition during my first year at Harvard University, saved me from so many blunders that I will not try to number them or acknowledge them individually. At the next two stages of preparing the edition I benefited from the Latinity of the General Editor of this series. A.G. Rigg generously read the edition twice; once again, I will not attempt to indicate every line in the text or commentary with which he gave me assistance. Wherever the perspicacity of Professors Shackleton Bailey and Rigg is not evident, my own inability is to blame.

J.Z.

CONTENTS

INTRODUCTION

Miracles performed by the Virgin Mary were made the stuff of
poetry long before Chaucer wrote *The Prioress's Tale* or Rute-
beuf *Le Miracle de Théophile;* and though miracles of the Virgin,
thanks to the thirteenth-century Galician *Cantigas de Santa
Maria,* are associated in the minds of most people with vernacu-
lar poetry, they are also found in medieval Latin verse. In all
languages, miracles captured the fancy of readers and listeners
alike. Indeed, William of Malmesbury relates in the course of his
De laudibus et miraculis Sanctae Mariae that one of the miracles
was a favourite song on the streets, while another was a much-
loved ballad.[1] The Latin poem edited here for the first time is
a twelfth-century collection of miracles of the Virgin. The poem
has many claims to attention. It is the earliest surviving collection
of versified Marian miracles in Latin. Whether or not it is the
earliest such collection in any language, the Latin collection
sheds light on the important Anglo-Norman collections of the
late twelfth and early thirteenth centuries.[2] In addition, it comes
from an author who is famous in his own right for another long
poem in elegiac distichs and whose entire oeuvre deserves to be
available in printed editions. Above all, the poem offers exciting
reading. In it we find seventeen lively stories in which Mary
saves women who have committed incest or become pregnant
while nuns, men who have made pacts with the devil or died as

1 See Peter Carter, 'The Historical Content of William of Malmesbury's
   Miracles of the Virgin Mary' in *The Writing of History in the Middle
   Ages: Essays Presented to Richard William Southern* ed. R.H.C. Davis
   and J.M. Wallace-Hadrill (Oxford 1981) pp. 127-65 (here: p. 139).
2 The major Anglo-Norman collections are: Adgar, *Le Gracial* (custom-
   arily dated in the second half of the twelfth century: see Kunstmann,
   pp. 11-14), ed. Pierre Kunstmann, Publications médiévales de l'Université d'Ottawa 8 (Ottawa 1982); Everard of Gateley, 'Miracles de la
   Vierge,' ed. Paul Meyer in 'Notice du MS Rawlinson Poetry 241,'
   Romania 32 (1903) 27-47; and Hilding Kjellman, ed., *La Deuxième
   Collection anglo-normande des miracles de la sainte Vierge et son
   original latin,* Arbeten utgifna med understöd af Vilhelm Ekmans
   Universitetsfond, Uppsala 27 (Paris and Uppsala 1922).

the result of drunkenness, and children who survive being baked alive.

The Author

On the first leaf of the only manuscript in which the whole poem is extant, British Library MS. Cotton Vespasian D.xix, large red and black capitals proclaim the authorship: Nigelli de Longo Campo.[3] Nigel is a figure whose contours stand out distinctly from some angles, but hazily or not at all from others. To catch sight of his clearest features, we must turn to the records of his monastery, Christ Church in Canterbury. With these records and with personal references in Nigel's own works, we may sketch the period in his life from around 1170 to 1193.[4]

In his early years as a monk at Christ Church, Nigel met Thomas Becket, whose martyrdom made a lasting impression on him.[5] Nigel emulated Thomas in demanding strict separation of secular and religious powers, and he praised people who imitated Thomas.[6] He believed that Christ Church should promote Thomas's policies, even if in so doing it met persecution.[7] In 1189 he rallied his fellow monks to rebel against a prior and other officials who, in his opinion, had been appointed improperly to posts at Christ Church.[8] For his temerity he earned a

---

3 See J.H. Mozley, 'The Unprinted Poems of Nigel Wireker: An Examination of MS. Cotton Vespasian D xix, fols. 1-53,' *Speculum* 7 (1932) 398-423 (here: p. 398).

4 See letters CCCXXII (by Nigel) and CCCXXVI and CCCXXIX (about Nigel) in the *Epistolae Cantuarienses, the Letters of the Prior and Convent of Christ Church, Canterbury* ed. William Stubbs, Rolls Series (London 1865).

5 See *Nigellus de Longchamp dit Wireker: Tractatus contra curiales et officiales clericos* ed. André Boutemy, Université libre de Bruxelles: Travaux de la Faculté de philosophie et lettres 16 (Paris 1959) p. 151.

6 See esp. pp. 155-6 and 225-6 in the *Tractatus*.

7 See Nigel's twelfth epigram (ed. Boutemy, *Tractatus* p. 56).

8 See Boutemy, *Tractatus* pp. 21-2, and Nigel's letter (no. CCCXXII) in the *Epistolae Cantuarienses*.

public rebuke from the archbishop, Baldwin.[9] In the same year
Nigel went with a delegation of monks to King Richard to pro-
test the foundation of an order of secular canons at Hackington.[10]
Two years later he objected bitterly when the monks of Coventry
were expelled and replaced by secular canons.[11]

Nigel's activity in expressing his convictions should not lead
us to overlook the contemplative side of his life. As a monk of
Christ Church, Nigel had access to one of the finest libraries
available in Europe at that time and there is every reason to
believe that Nigel read widely in its holdings, which were parti-
cularly strong in classical texts.[12] Nigel also had a small personal
library, which he bequeathed to Christ Church; these eight volumes figured in a later inventory of the Christ Church library.[13]
Their contents reflect an interest in biblical history, biblical
exegesis, theology, and hagiography.

During his years at Christ Church Nigel led an energetic life as
a writer. His extant works comprise many thousand lines of Latin
poetry and hundreds of pages of Latin prose. Most of Nigel's
verse is avowedly religious; he rendered into rhyming hexameters
two saints' lives, a *Vita Sancti Pauli primi heremitae* based on
Jerome (747 lines) and a *Passio Sancti Laurentii martyris* based
on Ado of Vienne (2345 lines).[14] He showed the same interest
in hagiography in his series of thirteen epigrams, which includes
poems celebrating St. Catherine and St. Thomas and another four

9 'Nigellus valde minatus est ab archiepiscopo' (*Epistolae Cantuarienses*
   no. CCCXXVI).
10 *Epistolae Cantuarienses* no. CCCXXIX (esp. pp. 315 and 317).
11 See Boutemy, *Tractatus* pp. 196-7.
12 A partial catalogue of the Christ Church library as it existed in 1170 is
   printed in Montague Rhodes James, *The Ancient Libraries of Canterbury and Dover* (Cambridge 1903) pp. 3-12.
13 See M.R. James, *Ancient Libraries* p. 101.
14 Both the *Vita Pauli* and the *Passio Laurentii* survive only in BL MS.
   Cotton Vespasian D.xix (fols. 45v-51r and 28r-45r, respectively). The
   Vita has been edited by André Boutemy, 'Une Vie inédite de Paul de
   Thèbes, par Nigellus de Longchamps,' *Revue belge de philologie et
   d'histoire* 10 (1931) 931-63, and by Leo M. Kaiser, 'A Critical Edition

eulogizing Honorius, who was prior of Christ Church from 1186 until his death in 1188.[15] Nigel's other extant poems are a metrical list of the archbishops of Canterbury through Archbishop Richard, who died in 1184 (eleven leonine hexameters), and a long verse prologue to his prose treatise written in 1190 or 1191.[16] Besides poetry, Nigel left three prose works: a treatise that has been given the title *Tractatus contra curiales et officiales clericos* (finished in 1193 or 1194),[17] glosses and poems written in the margins of a copy of Peter Comestor's *Historia scholastica*,[18] and a letter in the *Epistolae Cantuarienses*.[19]

Nigel's best-known poetry and prose are the *Speculum stultorum* (completed between 1180 and 1186) and the letter that Nigel wrote to explain its subtleties.[20] The *Speculum*

of Nigel Wireker's *Vita Sancti Pauli Primi Eremitae*,' *Classical Folia* 14 (1960) 63-81. In addition to these works of definite attribution, a verse *Vita Eustachii* has been ascribed to Nigel tentatively on stylistic grounds: see Boutemy, *Tractatus* pp. 69-70, and H. Varnhagen, 'Zwei lateinische metrische Versionen der Legende von Placidus-Eustachius,' *Zeitschrift für deutsches Alterthum und deutsche Litteratur* 24, N.F. 12 (1880) 241-54.

15 The epigrams, also found only in the Cotton Vespasian MS, are described in Mozley, 'Unprinted Poems' pp. 399-404.

16 The list figures in several MSS (Gonville and Caius 427, BL Arundel 23, Bodleian Douce 95, and Corpus Christi, Cambridge, 441 and 287) and seems to have been much liked (see M. R. James, *Ancient Libraries* p. 48). It has been edited by André Boutemy, 'A propos d'un manuscrit du *Tractatus contra curiales et officiales clericos* de Nigellus de Longchamps,' *Revue belge de philologie et d'histoire* 12 (1933) 1001-03, and in *Tractatus* pp. 46-8. The verse prologue is printed in Boutemy, *Tractatus* pp. 144-9.

17 Boutemy's edition (*Tractatus* pp. 150-210) replaces Wright's edition in the Rolls Series.

18 See Boutemy, 'A propos d'un manuscrit' p. 994, and *Tractatus* pp. 23-4, 32, and 43-5.

19 No. CCCXXII of the *Epistolae Cantuarienses* (cited in n. 3 above).

20 See *Nigel de Longchamps: Speculum stultorum* ed. John H. Mozley and Robert R. Raymo, University of California English Studies 18 (Berkeley and Los Angeles 1960); and 'The *Epistola ad Willelmum* of Nigel Longchamps' ed. J.H. Mozley, *Medium Aevum* 39 (1970) 13-20. For an English translation, see *A Mirror for Fools, or The Book of*

stultorum ('The Mirror of Fools') is a satire nearly four thousand lines in length. It records the misadventures of an ass named Burnel, who attempts haplessly but relentlessly to acquire a longer tail and greater glory for himself. In the process, he loses half of his tail and sees dashed his high hopes of receiving a university degree and of founding a religious order. The prose letter presents a strongly didactic interpretation of the story, directed at monks.

The *Speculum stultorum,* although Nigel's only long verse work that can be dated with any confidence, does not contribute any fresh facts to the biography of Nigel. In fact, it should serve as a reminder of all that we do not know about Nigel: his place or year of birth, his place or year of death, and the significance of his surname. The Latin *de Longo Campo* has been construed as referring either to an English town named Whiteacre or to a Norman French town named Longchamp(s).[21] Although the case will never be settled to everyone's satisfaction, evidence brought forward recently supports the Whiteacre attribution.[22] Still more uncertain is the nature of Nigel's relationship with the Archbishop and Chancellor of England named William of Longchamp.[23] Also a matter of conjecture is Nigel's life before his entrance into Christ Church. His father and mother appear to have been of Norman and native English extraction respectively.[24] Since they seem to have lived and owned property in Canterbury, it is possible that Nigel received his elementary schooling in Canterbury.[25] Presumably he went abroad later and studied in Paris before returning to Canterbury to take the tonsure.[26]

Burnel the Ass trans. J.H. Mozley (Oxford 1961 and Notre Dame, Indiana 1963), or *The Book of Daun Burnel the Ass: Nigellus Wireker's Speculum stultorum* trans. Graydon W. Regenos (Austin, Texas 1959).

21 See Mozley and Raymo, *Speculum stultorum* p. 1 (and nn.), and Boutemy, *Tractatus* p. 13.

22 See William Urry, *Canterbury under the Angevin Kings* (London 1967) pp. 59 and 153-4.

23 See Boutemy, *Tractatus* p. 18 (n. 1) and pp. 85-6.

24 See Boutemy, *Tractatus* p. 13.

25 See Mozley and Raymo, *Speculum stultorum* p. 124 (n. 2).

26 See lines 1513-70 of the *Speculum stultorum* and Boutemy, *Tractatus* pp. 15-16.

The Dating and Sources of the Miracles

The heading on the first folio on which Nigel's poem is written
tells us only 'Incipiunt miracula sancte Dei genitricis uirginis
Marie, uersifice.' Nigel's authorship is assured by a listing of
contents given earlier in the manuscript and by stylistic similar-
ities to other works undoubtedly by Nigel.[27] Yet whereas the
authorship is a simple matter to determine, the date of compo-
sition is a vexatious problem. The poem contains no internal
references to twelfth-century events that help to fix either a
terminus ante quem or a *terminus post quem.* For this reason,
the poem can be dated only very approximately in the last
quarter of the twelfth century; for it seems unlikely on the one
hand that Nigel would have written the poem in his youth
before his acceptance into Christ Church or on the other hand
that he could have written it much after the year 1200, since
we have no proof that he was even still alive then.

As well as leaving no clue to the date of the *Miracula,* Nigel
made no statement about which of the countless collections of
prose miracles he used as the basis for his versification.[28] Still,
we have good reason to assume that his base collection was one
put together in the British Isles; and we can even hazard a guess
as to its author. Evidence suggests that the first collection of
miracles was assembled in England in the early twelfth century,

27 See Mozley, 'Unprinted Poems' pp. 398-423.
28 The fundamental works on collections of Marian miracles are by
   Adolf Mussafia: 'Studien zu den mittelalterlichen Marienlegenden,'
   *Sitzungsberichte der kaiserl. Akademie der Wissenschaften in Wien,
   philosophisch-historische Classe* 113 (1886) 917-94 (= I); 115
   (1888) 5-92 (= II); 119, no. 9 (1889) 1-66 (= III); 123, no. 8
   (1891) 1-85 (= IV); and 139, no. 8 (1898) 1-74 (= V). To supplement
   Mussafia's five studies, see esp. H.L.D. Ward and J.A. Herbert,
   *Catalogue of Romances in the Department of Manuscripts in the
   British Museum,* vols. II and III (London 1893 and 1910), pp. 586-
   740 and 354-412 respectively. A useful index to these studies was
   produced by Albert Poncelet, 'Miraculorum B.V. Mariae quae saec.
   VI-XV latine conscripta sunt Index postea perficiendus,' *Analecta
   Bollandiana* 22 (1902) 241-360.

probably by Anselm the Younger (the nephew of Archbishop Anselm).[29] Anselm's work was followed in short order by an independent collection by Dominic, the Prior of Evesham. Around 1142, William of Malmesbury reworked the collections of his two predecessors.[30] William's *De laudibus et miraculis Sanctae Mariae* seems to have exerted a strong influence on later miracles of the Virgin, although scholars are divided on whether the influence was mainly direct or indirect; William's work may have been superseded when a Latin author of the mid-twelfth century (known in Latin as *Magister Albericus* and in Anglo-Norman as *Mestre Albri*) compiled a larger collection, no longer extant, that incorporated William's miracles.[31]

   Although Nigel mentioned no earlier writer of miracles, there are two reasons for believing that his main source was either William of Malmesbury's collection or a close descendant of it. First, all but two of Nigel's miracles are found in William's *De laudibus et miraculis Sanctae Mariae*.[32] Second, one of Nigel's miracles is set in Pisa, like William's version of the miracle but unlike all other earlier ones, which locate it in Bourges or Constantinople.[33] It is fitting for Nigel, author of one of England's best Latin verse stories (the *Speculum stultorum*), to have versified the same miracles that appealed so strongly to William, who wrote one of the island's finest Latin prose histories (the *Gesta regum anglorum*).

---

29 See R.W. Southern, 'The English Origins of the "Miracles of the Virgin",' *Mediaeval and Renaissance Studies* 4 (1958) 176-216.
30 William of Malmesbury, *De laudibus et miraculis Sanctae Mariae* ed. José M. Canal, *El Libro 'De laudibus et miraculis Sanctae Mariae' de Guillermo de Malmesbury, OSB (+ c. 1143)*, 2nd ed. (Rome 1968).
31 See Southern, 'English Origins' pp. 202-3; Canal, ed., *De laudibus* pp. 29-31; and Kjellman, *La Deuxième Collection anglo-normande des miracles* p. xii (cited in n. 2 above).
32 See the table at the end of the introduction. It is important to remember that even when Nigel recounts a miracle found in William's collection, he sometimes shows signs of having drawn upon either another version of the miracle or a different recension of William: see the commentary on lines 235-6.
33 See Mozley, 'Unprinted Poems' p. 405.

Metrical and Stylistic Features of the Poem

Nigel used a Latin grammar and vocabulary acceptable to the tastes of his period.[34] Similarly, he followed metrical procedures fairly typical for the second half of the twelfth century.[35] In regard to quantities, he was not unusual in permitting (more than sixty times in the course of the poem) the lengthening of short syllables before the caesura in the dactylic hexameter. He was equally true to the standards of his time in shortening long vowels in Greek words (lines 851 and 971: *demŏn,* 1819: *mistĕriorum,* and 2445: *zĕlus*) and in the dative and ablative endings of gerunds. Many other instances of shortening which would have been incorrect or undesirable in the Augustan period were perfectly admissible in Nigel's day: the *ĭ* of second-person present verb forms (1668, 2536), the long vowels at the end of adverbs (1030, 1621), and the combination *-ōr* in a variety of words (1211, 1297, 2547). In addition, he occasionally dropped a doubled consonant and made the syllable preceding it short (583, 1593, 2631).

Not all of Nigel's changes in the value of syllables can be excused on the basis of twelfth-century Latin metrics, however. Nigel was willing to shorten a long syllable simply because it appeared in a metrically inconvenient verb form (425, 2637) or in a word otherwise impossible to accommodate in dactylic verse (1217, 1224, 1915, 2143, 2328, 2540, 2657). Likewise, he several times lengthened syllables for no apparent reason other than for the sake of convenience (465: *benūuolus,* 502: *āpertas,* 596: *uēl,* 1670: *tōt,* 2607: *stātim*).

In matters of style, Nigel manifested a delight in alliteration, rhyme, and plays on words.[36] The alliteration is found in single

34 See J.H. Mozley, 'The Latinity of Nigel de Longchamps,' *Bulletin Du Cange. Archivum Latinitatis Medii Aevi* 14 (1939) 5-22.
35 A brief outline of metrical rules is found in Charles H. Beeson, *A Primer of Medieval Latin* (Chicago 1925) pp. 26-7. For more recent and detailed accounts, see Dag Norberg, *Introduction à l'étude de la versification latine médiévale* (Stockholm 1958), and Paul Klopsch, *Einführung in die mittellateinische Verslehre* (Darmstadt 1972).
36 See Mozley, 'Unprinted Poems' pp. 406-9 and 415.

lines as well as in longer passages, especially in couplets (401-2, 1329-30, 1741-2, 2045-6, 2123-4). Leonine rhymes occur very frequently, in particular in entreaties and hymns to the Virgin and in speeches by her (252-6, 273-6, 280, 282, 305-16, 439-42, 697-703, 887-94, 997-1016, 1414-34). The play on words, which is equally abundant, tends to involve pairings of words which sound alike (e.g. *honor* and *onus*), repetition of words or stems (e.g. 249-54: *miser-* and *sol-*), and use of one stem in various inflected or compound forms (447-50: *traho*).

The Manuscript

The entire text of Nigel's *Miracula sancte Dei genitricis uirginis Marie* appears in only one manuscript, British Library Cotton Vespasian D.xix.[37] The first fifty-two folios of this manuscript bring together several works of Nigel's: his shorter poems, the miracles, his life of Saint Laurence, and his life of Saint Paul. The miracles occupy two gatherings, from the recto of the fifth folio through the verso of the twenty-fourth one. Each folio contains two columns, generally with thirty-six lines to each column.

The *Miracula* are written in a thirteenth-century hand. Although all manuscript abbreviations have been expanded without comment, the orthography of the manuscript has been preserved rigorously in this edition. The spelling in Cotton Vespasian D.xix shows many of the inconsistencies and makes many of the departures from classical norms which are usual in medieval manuscripts. The letter *h* is added (e.g. *honus, choruscus,* and *cohactus*) or omitted (e.g. *onos*), *ae* and *oe* are spelled *e* (e.g. *cepit* and *Marie*), *e* is occasionally rendered as *ae*, and final *d* and *t* are often interchanged (e.g. *inquid* and *set*) as are medial *b* and *p* (e.g. *optinuit* and *babtismi*). Other spellings are *f* and *ph* (*fantasma* and *nephas*), *t* and *th* (*teca*), *ci* and *ti* (*cicius* and *offitium*), and *y* and *i* (*tirannus* and *ymago*).

37 For description of the MS, see (in addition to Mozley, 'Unprinted Poems') Ward, *Catalogue of Romances* (cited in n. 28 above) II, 586-94 and 691-5.

The manuscript subdivisions have been retained, together with the headings which have not been obliterated by trimming. The punctuation follows current English practice, when possible; attention has been paid to the manuscript markings, but no attempt has been made to replicate them exactly. The capitalization is also modern, with the upper case being reserved for the first words of sentences, proper nouns, adjectives pertaining to towns and religions, and the word *Deus*.[38] Gaps, erasures, and indecipherable passages in the manuscript are indicated by asterisks. Words or letters supplied have been placed within angle brackets.

All departures from the manuscript are recorded in the textual notes. Most of the changes involve the supplying of letters when a mark of abbreviation has been omitted. For example, *iviolatus* has been corrected to *inviolatus*. Also in the textual notes will be found variant readings for lines 1547-80, which survive in British Library MS. Arundel 23, folio 67.

38 The word *uenus* is capitalized when it appears to refer to the goddess of love rather than to an act of love.

Table of Correspondences between
Nigel's *Miracula Virginis* and
William of Malmesbury's *De laudibus*

Lines	Brief Title	Ponc.	WM
37-340	Theophilus	1577	1
341-456	St. Dunstan of Canterbury	1193	7
457-560	Basil, Mercurius, & Julian the Apostate	1205	2
561-618	St. Ildefonsus	1153	3
619-660	Liberation of Chartres	1238	8
661-730	St. Fulbert of Chartres	1136	9
731-918	Drowned Monk	552	16
919-1016	Monk and Devil in Shape of Beasts	66	15
1017-1118	Lecherous Monk of Cologne	1778	17
1119-1474	Incestuous Mother and Roman Senate	1090	
1475-1546	Jewish Boy and the Eucharist	532	33
1547-1580	Boy Offers Food to Image of Jesus	1668	34
1581-1748	Malodorous Cleric	514	(10)
1749-1932	Priest of One Mass	1116	29
1933-2118	Jewish Creditor and Image of Mary	171	32
2119-2414	Cleric Who Denied God for a Girl	119	28
2415-2690	Dishonoured Abbess	1215	43

Lines = line nos. in present edition
Ponc. = no. in Poncelet's Index in *Analecta Bollandiana*
WM = miracle no. in William of Malmesbury, ed. Canal

Nigel of Canterbury

**MIRACULA SANCTE DEI GENITRICIS VIRGINIS MARIE
VERSIFICE**

British Library MS. Cotton Vespasian D. xix
fols. 5r1 - 24v1

Incipiunt miracula sancte Dei genitricis uirginis Marie,
uersifice.

Virginis et matris celebri memoranda relatu
    scribere pauca uolo, ductus amore pio.
Paucula de multis placet excerpsisse Marie
    moribus et gestis hac breuitate metri.
5   Terret opus, set torret amor. Res ardua uires
    uincit et ad uotum uictus amore trahor.
Virginis et matris specialis amor pietatis
    spondet opem ceptis quam dabit ipsa suis;
que uelut in celis superis comitata choreis
10   dignior est cunctis plusque decoris habet.
Sic quoque terrigenis specialis opem pietatis
    contulit, innumeris magnificata modis.
Sed quid magnificum si magnificata refulget,
    hec ita pro meritis mirificata suis?
15   Cum Deus in sanctis mirabilis esse probetur,
    est mirabilior in genitrice sua;
quique nequit cogi, genitricis amore cohactus
    quid quod non faciat, qui facit omne quod est?
Sola carens simili, quem uirginitate retenta
20   sola parit mundo, flectere sola potest.
Sola Deum flectit, cui soli solus ab euo
    concessit natum flectere posse suum.
Non quia flectatur sententia nescia flecti,
    sed flectenda tamen flectitur huius ope.
25   Prima salutis opem dedit hec, pariendo salutem
    humano generi, uirgo parensque Dei.
Prima salus mundi fuit hec et causa salutis,
    que meruit miseris ferre salutis opem.
Nec miserando pie cessat pia cura Marie,
30   excusans miseros, conciliando reos.
Singula si memorem digno memoranda relatu,
    deficiet tempus, uita diesque michi.

18   *quid quod = quid est quod*

Sufficiant igitur operi premissa futuro,
grata sit ut breuitas cum leuitate metri.
35 Sic igitur leuitas moderetur opus breuitatis,
5r2 quatinus et grauitas sit breuitate leuis.

De Theophilo qui Christum negauit

Res leuis et fragilis flantique simillima uento
est caro sub carnis conditione sita.
Que sua sunt querit; falsum sub imagine ueri
40 palliat; et casu carpitur ipsa suo.
Labitur ex facili, facilis quia lapsus ad ima,
tum quia mortalis, tum quia firma minus.
Surgere post lapsum decet et timuisse futura
quam sit amara dies quamque timenda malis.
45 Surgere post lapsum meruisse Theophilus olim
creditur et lacrimis facta piasse suis.
Qualiter excessit, quo sit reuocante reuersus,
res quia trita, breuis soluere sermo potest.
Res miranda quidem, sed plus miseranda dolori
50 letitieque piis mentibus esse solet.
Presulis et cleri populique Theophilus ore
dum fieret celebris, fama fefellit eum.
Gesserat in clero factus uicedomnus et ipse
ecclesie curas pontificisque uices.
55 Contulerant in eum cunctorum uota fauorem,
principis ac populi pontificisque sui.
Magnus in ecclesiis, in clero maior haberi
cepit et in populo maximus esse suo.

37-340 The Theophilus story was a favourite in the medieval period:
see Karl Plenzat, *Die Theophiluslegende in den Dichtungen
des Mittelalters,* Germanische Studien 43 (Berlin 1926).
39 Cf. I Cor 13:5 and Ovid, *Epist.* 16 (17), 45.
41 Cf. Hans Walther, *Proverbia sententiaeque Latinitatis medii
aevi,* Carmina medii aevi posterioris Latina II/1– (Göttingen
1963–) no. 13358a.
53 *uicedomnus:* deputy (cf. the French derivative, *vidame*)

Nil leuitatis habens, uirtutum culmine famam

60   emit et exemptam luxuriare dedit.

Non fuit unde queri quisquam potuisset ad horam:

         karus et acceptus omnibus unus erat.

Cuncta peregit ita quod eum nec rodere posset

         inuidus; hinc cunctis inuidiosus erat.

65   Exemplum cleri solum se fecit haberi,

         moribus et gestis formula facta gregis,

omnia disponens iuste moderamine legis,

         ut nichil in mundo iustius esset eo.

Singula quid memorem? Fuit omnibus omnia factus,

5v1   omnibus et solis omnia solus erat.

Presulis interea de carcere carnis ad astra

         spiritus euasit. Sede uacante sua

cumque pari uoto clerus populusque rogaret

         hunc sibi substitui, substitit hic et ait:

75   'Absit ut hoc faciam. Satis est sine pontificatu.

         Quam uix sustineo, me mea cura grauat.

Absit ut hoc faciam, quia mens et uita remordet.

         Absit dulce malum, pontificale decus.

Vix michi suffitio soli; quid si michi plures

80   contigat subici? Pastor ouesque luant!

Querite querentes sine numine nomen honoris.

         Querite quos agitat ambitionis amor.'

Cumque nec assensum plebs extorquere nec illum

         uis ualet illata flectere, tristis abit.

85   Alter ad offitium sedis de more uocatus

         uenit et ingressus spernere cepit eum;

60   'and he allowed it, once taken up, to run riot'

69   The first half of the line derives from Horace *Sat.* 1.8.40. The second half, based on I Cor 9:22, appears frequently in medieval Latin poetry: see Otto Schumann, *Lateinisches Hexameter-Lexikon: Dichterisches Formelgut von Ennius bis zum Archipoeta,* 6 vols. (Munich 1979-83) IV, 45.

75-82 Theophilus's refusal to become bishop is reminiscent of the conventional refusal of pious men to accept appointment to the episcopacy ('nolo episcopari').

utque solet nouitas fieri leuitatis amatrix,
    incipit esse sua sub nouitate leuis;
utque nichil desit uotis, uicedomnus honoris
90   pulsus ab offitio uilis honore caret.
Sustinet ille tamen, portans patienter ad horam,
    dissimulando notans presulis acta noui.
Dissimulare tamen non preualet ira dolorem.
    Altius infligit uulnera raptus honos.
95 Ira licet simulet modico sub tempore uultum,
    non ualet illa tamen dissimulare diu.
Cernere se sperni tantum talemque, modeste
    quis ferat aut quorsum se choibere queat?
Viuat ut abiectus qui tanto uixit honore,
100   qua ratione potest quoue tulisse modo?
5v2 Perdere famosum nomen iactura perhennis,
    census resque leues perdere cura leuis.
Sustinuisse diu celebris dispendia fame
    absque dolore graui uix ualet ullus homo.
105 Rerum dampna pati leuis est iactura. Fauorem
    perdere iacturam quis putet esse leuem?
Cum sit utrumque graue, fame rerumque ruina,
    sunt grauiora magis hec duo iuncta simul.
Est grauis hec, grauior tamen illa, grauissima cuius
110   sub grauitate perit quem grauat hec et ea.
Viuere despectum sub eo quem despitiebat
    se uidet et fatis inuidet usque suis.
Ingemit ergo graui grauiter stimulante dolore,
    quodque prius placuit displicet omne sibi.
115 Inuidie stimulos dolor excitat, ira furorem
    gingnit et inuitat ad scelus omne manus.
Crescit anela sitis ceco stimulante furore.
    Fit sitibunda nimis mens sine mente sua.
Totus ad hoc et in hoc tendit furor ira dolorque.

93-122   On *ira* and *dolor* see Nigel's *Speculum stultorum* 1251-1502.
116   *gingnit = gignit*
117   *anela = anhela* (adj.), ambitious

120   Cernere quid deceat mens furibunda uetat.
       Cogit ad excessus furor ira tumorque nefandos.
       Nil putat esse nefas quod sua uota iuuet.
       Viribus ablatos repetisse iuuaret honores,
           sed desunt uires. Quid iuuet ergo uirum?
125   Non opus est precibus ne forte superbiat hostis
           fiat et audita surdior ille prece.
       Tutius est precibus quam uincere uiribus hostem.
           Facta negant uires, abnegat ira preces.
       Quas modo spreuit opes, modo quos contempsit honores,
130   querit et affectat esse quod ante fuit.
       Hoc amat, hac tendit, hic nocte dieque moratur;
6r1   queritur ergo uia qua ueniatur ad hoc.
       Queritur ergo magus prudens; inuentus aditur.
           Causa retecta patet; spondet Hebreus opem.
135   Quelibet hora dies miseris, lux quelibet annus
           esse solet cupidis, et mora queque grauis.
       Terminus ergo rei dudum prefixus adesse
           cernitur. Ad circos urbis uterque ruit.
       Conueniunt ad noctis opus sub tempore noctis.
140   Conueniunt tali noxque locusque rei.
       Affuit interea cum principe demoniorum
           plurima spirituum turba cohacta simul.
       Accedensque magus regem de more salutat.
           Quid uelit exponit ipse comesque suus.
145   Demon ad hec: 'Homini tali Christumque colenti
           nescio si potero ferre salutis opem.
       Si meus esse cupit, Christum neget atque Mariam,
           quatinus optatum perficiatur opus.
       Et quia Christicole me fallunt meque refutant,
150   confisi Christi de pietate sui,

138   *circos:* theatre or haunt of astrologers. Cf. William of
       Malmesbury, *De laudibus* 2.1 (ed. Canal, p. 65, ll. 71-3): 'Ita
       consertis manibus uadunt ad urbis theatrum quod tunc / lapidi-
       bus disiectis ruinosam priscae impietatis adhuc praeferebat /
       simulacrum.' For the reputation of the *circus* as a haunt of
       astrologers, see the *Oxford Latin Dictionary* p. 326, *circus* 3a.

carta sit inter nos testis ne forte — quod absit! —
    ad Christum rediens se neget esse meum.
Suspectos igitur securos cautio curet
    reddere, sed propria cautio scripta manu.
155 Cautio me cautum reddat, ne forte Maria
    more suo ueniat tollere nostra sibi.
Ustus ab igne timet; laqueos pedicasque tenaces
    bestia declinat sepe, retenta semel;
terret aues uiscus; pisces exterritat hamus:
160   me quoque terrere uirgo Maria solet.
Hec odiosa michi, quoniam contraria semper
    moribus et uotis obuiat ista meis.'
6r2 Talibus auditis miser et miserabilis ille
    annuit, effectus immemor ipse sui.
165 Fallitur infelix, Christum nomenque Marie
    abnegat, et laqueis stringitur ipse suis.
Cautio scripta datur testis, ne forte tepescat
    temporis ex tractu pactio firma minus.
Soluitur his gestis, tanto gauisa triumpho,
170   contio. Pacta placent. In sua quisque redit.
Presulis interea mens emollita repente
    omne quod abstulerat reddit et addit eis.
Rursus ad offitium digno reuocatur honore
    et, uelut ante fuit, fit uicedomnus item.
175 Splendidior cunctis cunctisque beatior unus
    effectus, uotis cuncta subesse uidet.
Quelibet ad uotum succedunt. Cernere cecam
    omnia iurares ante retroque deam.
Luxus opum numerum, mensuram copia rerum
180   uicit et excessit ille, uel illa, modum.

153 *cautio:* a pledge, guarantee
157 On *ustus ab igne timet* see Walther, *Proverbia* nos. 11384,
    11385, 11387, 12292, 22919, and 32289. On the rest of the
    line, see no. 18626.
166 For the motif of the would-be deceiver caught in his own
    snare, see Ps 9:16 (LXX) and Sir 27:29. Cf. line 654 below.
177-8 The blind goddess is Fortuna.

Sola tamen uotis sceleris mens conscia facti
  obuiat et solum sola remordet eum.
Importuna quidem res est et nescia sompni
  mens sceleris proprii, pondere pressa graui;

185   tinea corrumpens, uermis numquam requiescens,
  mens mala cum propria culpa remordet eam.
Pugna grauis, lis longa nimis, uictoria rara
  talibus in causis sepe subesse solet.
Nil sapit in mundo nisi mens a crimine munda,

190   qua nichil in mundo mundius esse potest.
Omnia consumens cum tempore fluxerat etas,
  uix modicum uite iam superesse uidens;
cumque sit hec oneri, mors incipit esse timori

6v1   (que longinqua minus, fit metuenda magis).
195   Iam quasi pro foribus 'uenies!' clamare uidetur,
  'Ius michi redde meum! Tu tibi tolle tuum!'
Intima deficiunt. Teritur mens anxia curis.
  Terret utrumque uirum, morsque scelusque suum.
Egrescunt uires et amor decrescit habendi.

200   Mens sceleris tanti tristis aborret opus.
Singula discutiens in se quandoque reuersus,
  fluctuat incertus quid sit et an sit homo;
nam scelus excedit hominem, cum sit tamen ipsum
  ipse scelus, sceleris conscius ipse sui.

205   Vita uiam uenie clausit peruersa salubri;
  se sibi subduxit uoce manuque sua.
Penitet errasse, sed cum uia nulla patescat
  qua miser errores corrigat ipse suos,
altius inflicto scelerum sibi uulnere, tristis

210   ingemit, in lacrimis totus abire parans.

185-6 'A bad conscience when its own guilt gnaws at it (is) a corrupt-
    ing maggot, a worm never at rest.' Cf. Prv 25:20 (not in all
    MSS) 'sicut tinea uestimento et uermis ligno, ita tristitia uiri
    nocet cordi', Sir 7:19, Is 66:24, and Mc 9:43 and 46-7.
192 Note the anacoluthon.
203-4 'For the crime exceeds the man, even though he is himself the
    crime, since he is aware of his crime.'

Et uelut omne scelus scelus hoc superasse uidetur
et minus est illo quodlibet orbe nefas,
sic suus iste dolor cunctos superasse dolores
creditur et solum non habuisse parem.
215 Tristis uterque simul, stimulo stimulante dolorum,
defluit in lacrimas spiritus atque caro.
Nil nisi flere iuuat querulosque refundere questus,
subiungens lacrimis talia uerba suis:
'Heu michi! Quid feci? Quis me furor impius istuc
220 impulit, ut fierem prodigus ipse mei?
Heu michi! Quid feci? Quid sum facturus? Et unde
auxilium ueniet consiliumque michi?
Ve michi! Ve misero, ue soli, ue scelerato!
Ve manet eternum meque scelusque meum.
225 Quis michi det quod ego feriam mea guttura cultro,
ultor et exactor in scelus ipse meum?
In scelus ipse meum dixi, seu me scelus ipsum,
cum scelus hoc ipsum sim super omne scelus,
6v2 non homo, sed uermis, hominum fex ultima, stercus,
230 stercore uel si quid uilius esse potest.
Tartara condigne scelus hoc punire nec ulla
sufficit ad plenum pena piare malum.
Sidera, terra, mare non possunt enumerare
quenam sit factis ultio digna meis.
235 Nonne Petrum legimus, Paulum, Dauid et Niniuitas
post lapsum culpas flendo piasse suas?
Plus tamen excessi sceleratior omnibus istis,
namque meo sceleri subiacet omne scelus;
queque patet cunctis uenie uia, clauditur uni,

235-6   On the weeping of Peter, see Mt 26:75, Mc 14:72, and Lc
22:62. On David, see II Sm 12:22. On the Ninevites, see Ion
3:5-10. Paul's repentance, although it did not involve weeping,
was nonetheless emphatic: see Act 9:9. The four examples of
penitence Nigel uses are not the same as those in William of
Malmesbury (ed. Canal, pp. 67-8), but are among those in
Paul the Deacon's ninth-century version of the story.

240   non tamen inmerito, uirgo Maria, michi.
     Forte uiam uenie prestaret uirgo benigna,
        hanc nisi clausisset lingua manusque mea.
     Si quod in hoc mundo miseri meruere leuamen,
        hoc uenit ex meritis, uirgo Maria, tuis.
245   Quam medicina nequid post mortem ferre medelam,
        hanc solam sola, uirgo Maria, potes.
     Quam michi nemo potest meritis apud omnipotentem,
        tu michi sola potes ferre salutis opem.
     Ergo potens misero miseri miserata medere,
250   et, quam non merui, fer pietatis opem.
     Fer pietatis opem, miseri miserere, Maria,
        tum quia sola potes, tum quia sola soles.
     Omnia sola potes, quoniam super omnia solam
        te statuit solus, quem paris, ipse Deus.
255   Et quia te spreui, te liqui teque negaui,
        si michi subuenias, plus pietatis habes.
     Hostibus exhibita cum sit pietas specialis,
        hoc spetiale decus conuenit esse tuum.
     Humani generis tu spes, tu causa salutis,
260   tu uia duxque uie qua reparatur homo.
     Humani generis tu gloria, tu reparatrix,
        tu decus atque decor, tu speciale decus.
     Tu uia qua ueniens Christus inuisere mundum
7r1   uenit et effecit te sibi uita uiam.
265   Tu sine nocte dies, radius sine puluere, lumen
        quod mundi tenebras irradiare solet,
     luna carens umbris, quam sol deitatis obumbrat.
        Per te fulget humo qui deus est et homo.
     Hinc, pia, redde pium miserando, benigna, benignum.
270   Effice ne pereat, te miserante, miser.'
     Talia clamanti miserorum mite leuamen
        affuit et modicum turbida dixit ei:
     'Quid lacrimas fundis? Quid palmis pectora tundis?
        Mene putas lacrimis flectere posse tuis?
275   Quid gemis incassum? Quid me cupis aut petis? Assum,
        cum tibi non ualeam ferre salutis opem.

Nonne meum natum blasfemus et ipse negasti?
Quid petis hoc a me, quod negat ipse tibi?
Me pariter cum prole mea tua lingua negauit.
280   Testis adest facti cautio scripta tui.
Sim licet humani generis pia semper amatrix,
non possum nati probra tulisse mei.
Nemo tibi nisi tu quicquam nocuisse probatur;
nemo tibi nisi tu uimque necemque tulit.
285   Te tibi surripuit tua lingua manusque prophana;
non alius nisi tu te tibi surripuit.
Derogat ergo michi quisquis contempserit illum,
contemptorque mei derogat omnis ei.
Sed ne dira nimis tibi sit dum dura uidetur,
290   hac uice uicta uolo mitior esse tibi.
Me lacrime gemitusque tui meruisse uidentur,
non quia tu iustus, sed quia mitis ego.
Ergo fidem cordis confessio nuntiet oris,
ut testis fidei sit tua lingua michi.
295   Cor nimis inmundum mundet confessio munda,
ne si munda minus polluat ipsa nimis.'
Dixit. At ille, quasi mortis de funere surgens,
surgit et exponit facta fidemque suam.
7r2   Dicta placent, placido uultu placata recessit
300   talia post triduum uerba reuersa ferens:
'Cessent singultus, lacrime, suspiria, planctus.
Dimissum facinus noueris esse tuum.
Iam satis est cecidisse semel, semel ergo resurgens
ne moriaris item nocte dieque caue!'
305   Talia suadenti iamiamque redire uolenti
obuiat et mesto pectore tristis ait:

277-8   *ipse ... ipse:* the first refers to Theophilus, whereas the second
designates Jesus.
282   *tulisse:* we would expect the present rather than the perfect
infinitive here.
289   Although the sense of the line is clear, it is difficult to know
which word Nigel had in mind as the subject of the verb *sit;*
perhaps he anticipated the word *uice* in the following line.

'O pia stella maris, decor orbis, honor specialis,
    uirgo carens simili, sponsa parensque Dei,
restat adhuc scriptum quod me mouet amplius, illud
310   quod male demonibus contulit ista manus.
Et nisi tu dederis, nisi tu reuocaueris illud,
    nunquam tutus ero liber ab hoste meo.'
Tercia lux aderat cum iam lux nescia noctis
    affuit, egregia uirgo parensque pia.
315   Hostibus inuitis scriptum quod ab hoste negatum
    uiribus extorsit, reddit, at inde redit.
Carta retenta manet, sed abit cum uirgine sompnus.
    Sompnus abit: uerbis facta dedere fidem.
Et quia festa dies populos collegit in unum,
320   currit et ecclesie limina letus adit.
Singula pontifici referens ex ordine, cunctos
    terret et a simili se choibere monet.
Qualiter errasset causamque modumque reuelat,
    auctor et interpres criminis ipse sui.
325   Spem uenie lapsis dedit hinc, sed et inde timorem
    stantibus incussit res manifesta satis.
Carta datur flammis, populo pia forma salutis
    redditur, ecclesie portio digna sui;
cumque sacrum corpus domini gustasset, honorem
330   contulit ecce nouum uirgo Maria uiro:
prouocat aspectus quos luce reuerberat ipsa
    clara uiri facies, sole micante nouo.
Sol nouus in facie radiis scintillat acutis,
7v1   angelus ex uultu, corpore cum sit homo.
335   Vix igitur triduo uiuens, moriendo recessit,
    de mundo mundus, ad loca sacra sacer.
Terra subit terram, subeunt celestia celum.
    Spiritus astra petit, terrea castra caro.
Virginis in populo timor et deuotio creuit,
340   ex tunc usque modo non habitura modum.

319   *festa dies* (cf. *dies festus* 681): holiday

De Sancto Dunstano

Optima terrarum, fecunda Britannia, muris
    clauditur equoreis, insula grata satis,
alter in hoc mundo paradisus delitiarum,
    delitiis plenus creditur esse locus,
345 mellea terra faui mellis, gens lactea lactis,
    fertilitate fluens, dulcia queque parit.
Delitiis uariis opibusque fluens preciosis
    pullulat, innumeris terra referta bonis.
Hoc speciale tamen habet insula quod speciali
350   quadam pre reliquis gens pietate nitet,
accidit unde pie specialius esse Marie
    gentem deuotam, que pietate uiget.
Hinc Dorobernensis Dunstanus adest michi testis,
    Dunstanus patrie flosque decusque sue.
355 Testis adest genti pariterque Dei genitrici,
    gloria pontificum, forma decusque pium.
Monstrat utramque piam gentem simul atque Mariam
    Dunstanus, patrie flosque decusque pie.
Ceperat a puero Dunstanus habere Mariam
360   exemplum uite presidiumque sue.

341-456   Saint Dunstan was a central figure in the intellectual revival of
        tenth-century England. As abbot of Glastonbury (940-957)
        and archbishop of Canterbury (until his death in 988), he
        worked to restore monasticism and culture. He encouraged the
        copying of MSS and the inculcation of such arts as metal-work-
        ing and music-making. The principal sources on Dunstan will
        be found in William Stubbs, ed., *Memorials of Saint Dunstan,*
        Rolls Series (London 1874). For references to recent studies of
        Dunstan's role and work, see David Hugh Farmer, *The Oxford
        Dictionary of Saints* (Oxford 1978) pp. 111-13.
341ff.   This description of England as a land gifted in the fertility of
        its natural setting and in the piety of its inhabitants owes
        much, directly or indirectly, to the first pages of Bede's
        Historia ecclesiastica gentis Anglorum.
353   *Dorobernensis:* of or pertaining to Canterbury
357   Nigel plays on the double meaning of the adjective *pius,*
        which means both 'pious' and 'merciful'.

Huius in obsequium totum se deuouet; huius
   certat amore frui corpore, mente, manu.
Hanc amat, hanc sequitur; amor incipit esse timori;
   dumque timet quod amat, crescit amore timor.
365   Creuit amor pueri puero crescente. Iuuentus
   excoluit pariter facta fidemque senis.
Cuius ad exemplum dum se componit amando,
7v2   uiribus et uite uim facit ipse sue.
Vicit amor uires, puerum deuicit amantem
370   uerus amor pueri, non puerilis amor.
Moribus etatem transcendit, uiribus annos.
   Mirares iuuenem corpore, mente senem.
Annorum numeris amor innumerabilis annis
   obuiat. Exactor fit grauis ipse sibi.
375   Spiritus ad nutum carnem seruire coegit,
   ancillam domine restituendo sue.
Sic subiecit Agar Sare, ne forte rebellis
   uinceret et dominam sperneret ipsa suam.
Nec mora, Glastonie claustrum subeundo Marie
380   colla iugo studuit subdere seque Deo.
In nouitate uie donatus amore Marie,
   incipit esse nouus miles ad arma noua.
Induit exterius monachum quem gesserat intus,
   dum sub ueste noua uota uetusta tegit.
385   Velle uetus sub ueste noua conseruat, amorem
   auget et augmentis proficit ipse suis.
Munda fit a mundo, pueri mens munda. Marie,
   quam colit, esse comes uirginitate studet.

365-72   On the topos of the *puer senex,* see Ernst Robert Curtius,
   European Literature and the Latin Middle Ages, trans. Willard
   R. Trask, Bollingen Series 36 (Princeton 1973) pp. 98-101,
   and Teresa C. Carp, '*Puer senex* in Roman and Medieval
   Thought,' *Latomus* 39 (1980) 736-9.
377-8   Hagar was the concubine of Abraham, by whom she bore
   Ishmael. Sarah, wife of Abraham, cast Hagar and Ishmael out
   of Abraham's household: see Gn 16-19. Cf. Gal 4:22-3.
379   *Glastonie:* Glastonbury
385   *uelle:* here a neuter noun meaning 'will' or 'wish'

Hec uia duxque uie: uitam meditando Marie,
390   hanc habet ad patriam qua cupit ire uiam.
Se sibi subducens, carnem castigat ad unguem,
      quam premit ipse priusquam premat ipsa uirum.
Ne rediuiua caro consurgat carnis in hostem,
      subtrahit huic sompnum, subtrahit atque cibum.
395   In cinerem redigens cinerem quandoque futuram,
      monstrat et attendit quid sit et unde caro.
Sic igitur uiuus mortis sub imagine uixit,
      uiueret ut Christo mortificata caro.
Quicquid honestatis, quicquid pietatis amorem
400   excitat, instituit protinus esse suum;
sepius unde suus meruit, mediante Maria,
      spiritibus superis spiritus esse comes.
8r1   Cernere spallentes et cum spallentibus ipse
      psallere spiritibus, raptus ad astra, solet.
405   Nec semel hoc in eo, sed sepius est repetitum,
      uirgine matre tamen hoc tribuente sibi.
Iam totiens fuerat Dunstanus ad astra uocatus,
      quod sibi uita foret et uia nota poli;
et nisi conditio carnis mortalis obesset,
410   angelus esse magis quam uideretur homo.
Neumata spirituum retinendo melosque supernos,
      sepe suos docuit redditus ipse sibi.
Presulis ipsa sui celebris Dorobernia testis
      eius adhuc hodie pneuma melosque canit.
415   Quid quod et hic Satanam per nasum forcipe sumptum

391   *ad unguem:* to a hair, perfectly, thoroughly
395   Man's fragile body dies and is reduced to ashes (Gn 18:27;
      Iob 13:12, 30:19, and 34:15, and elsewhere).
403   *spallentes et cum spallentibus = psallentes et cum psallentibus.*
      psallere means 'to make music, chant, sing hymns'.
411   *neumata = pneumata,* musical phrases or notes
412   'Once he had been restored to himself (on earth), he often
      taught (these melodies) to his comrades.' For the second half
      of the line, see also 912, 1734, and 2392.
415   *quid quod:* moreover
415-18   Dunstan's fame as a metal-worker gave rise to the legend that

fortiter ignita fecit inire fugam,
huncque reuertentem multatum uerbere multo
   ipsa flagellantis fracta flagella probant.
Quo magis ad superos meruit transire uidendos,
420   demonis insidias pertulit inde magis.
Plura futura suis quasi facta referre solebat,
   multa quidem referens, multa silendo tegens.
O nouitatis opus! O res memoranda modernis!
   O ueneranda uiris uita uenusta uiri!
425   Cum semel in celum solito de more uenisset,
   uenit in occursum uirgo Maria uiri.
Obuia uirgineis uenit comitata choreis,
   applaudens miro mater honore uiro.
Dextra datur dextre, sotiatur amicus amicis,
430   uirginibus uirgo, ciuibus hospes amans;
dumque corona datur quasi merces uirginitatis,
   his modulando melis ora resoluit hera:
'Cantemus domino, socie, cantemus honorem:
   dulcis amor Christi personet ore pio.'
435   Alternando chori uersus moderamine dulci
   excipiunt, reliquuos continuando melos.
Obstupuit tanta presul dulcedine captus,
8r2   iussus et ipse melos intonat orsus ita:
'O rex Christe, pie meritis largire Marie
440   humano generi te sine fine frui.
Ne peregrinetur a te tua plebs, reuocetur
   ad uite patriam, te tribuente uiam.'
Plura quidem cernit quorum breuitatis amator
   sub breuitate stili non ualet esse memor.
445   Singula quis numeret? Quod opus, que lingua retexat
   gaudia Dunstani tanta uidentis ibi?
Matris amor proprie trahit hinc, trahit inde Maria.
   Gaudet utroque pio tractus amore trahi.
Sic igitur dum distraitur uir tractus ad astra,

he once used a pair of blacksmith's pincers to grab the nose of
a demon who wished to tempt him.

436   *reliquuos = reliquos*   449   *distraitur = distrahitur*

450   rursus ad ima soli carne trahente redit.
        Visa refert rediens. Specialius esse colendam
           quam colit ipse monet, huius amore coli.
        Presulis ergo fides non est fraudata fidelis,
           quem suus ex nulla parte fefellit amor.
455   Cuius enim studuit fieri dum uixit ymago,
           corpore deposito fit sine fine comes.

        De Iuliano apostata interfecto

        Pessima fex hominum, Iulianus apostata, regum
           pessimus, ecclesie subdolus hostis erat.
        Dogmata Catholice fidei quandoque secutus,
460   uestierat falsa simplicitate dolum.
        Dissimulando diu, celans sub melle uenena,
           pelle sub agnina ceperat esse lupus;
        quamque puer didicit, postquam peruenit ad annos
           Catholice fidei trucior hostis erat.
465   Omnibus exosus nullique beniuolus unquam,
           acrior ecclesie depopulator erat.
        Unde triumphales sub eo meruere coronas
           multi, sanctorum martyriique decus.
        Contigit ergo semel quod, cum properaret in hostes,
470   magnus Basilius obuius esset ei.
        Vir bonus et iustus nullique secundus in urbe,
8v1   presul Cesaree Capadocensis erat.
        Sed Iulianus eum grauiter commotus in iram
           spreuerat et spreto multa minatus erat.

455   Dunstan attempted to be the image of Mary on earth.
457-560 Julian the Apostate (332-363), although given a pious Christian
        education, professed paganism once he became Roman Em-
        peror. In the Middle Ages he was regarded as a persecutor of
        Christians who was killed by Saint Mercurius.
465   *beniuolus = beneuolus*
470   Saint Basil, after a decade of organizing monastic communities,
        was named bishop of Caesarea (in Cappadocia) in 370; he died
        there in 379.
472   *Cesaree:* the capital of Cappadocia, now Kaisariyeh

475 Presulis excidium si forte rediret et urbis
  sternere iurarat menia more suo.
Nectere bella moras prohibent; uocat hostis in arma.
  Accelerare studet quem sua dampna trahunt.
Presulis interea geminam cautela medelam
480   perspicit oppressis ciuibus atque sibi.
Ciuibus accitis, dum tempus et hora supersunt,
  congregat hinc aurum, congregat inde preces.
Hoc placare Deum cupit, hiis prosternere regem.
  Hec uia tuta satis, tutior illa tamen.
485 Auri sacra fames fuluuo satianda metallo,
  sed superanda magis uis uiolenta prece.
Nusquam tuta fides. Timor et tremor occupat omnes.
  Principis aduentum sexus uterque timet.
Rara quies populis, spes pacis nulla remansit.
490   Vendicat omne sibi ius timor atque dolor.
Nulla salus miseris restat, regnante tyranno.
  Res odiosa nimis, rex pietate carens!
Sola tamen superest fessis quam spondet adesse
  presul opem: precibus sollicitare Deum.
495 Presulis ad nutum, tanto concussa timore,
  offert diues opes, paupera turba preces.
Vim sibi quisque facit: quoniam sic cogit, oportet.
  Otia non patitur luxuriare dolor.
Auro diues, egens precibus se multat; et hostem
500   uincat ut alterutro certat utroque modo.
Postulat auxilium gens tristis adesse supernum.
  Pulsat et apertas inuenit ipsa fores!
Affuit et miseris miserorum mite leuamen.
  Contulit auxilium uirgo Maria pium.

---

483 *hiis:* scan as one syllable, as in 2612 and 2669.
485 *fuluuo = fuluo.* For the first half line, see Virgil, *Aen.* 3.57.
495 *concussa:* either neuter plural referring to both *diues* and
   turba or feminine singular referring to *turba* alone
496 *paupera* = CL *pauper.* Nigel uses the same form in his *Passio*
   Laurentii (line 576, fol. 32r1).
502 See Mt 26:10-11 and Lc 13:25.

505 Neue diu doleant, celeri uirtute medelam
    moribus et morbis contulit ipsa suis.
8v2 Virginis et matris fuerat prope menia templum
    montis in excelso uertice grande situm.
    Hic offerre preces, hic soluere uota Marie
510   cepit ab antiquo tempore cura patrum.
    Huc petiturus opem populus cum presule sancto
    confluit et querulis questibus ora replet.
    Defluit in lacrimas quas aut timor aut dolor urget
    tota cohors, lacrimis sexus uterque madet.
515 Terra madet lacrimis, resonant clamoribus ethra.
    Unica plangentum publica causa fuit;
    cumque tot et tantis afflicta doloribus esset,
    hostibus ut fieret plebs miseranda suis,
    affuit afflictis hominum speciale leuamen,
520   uirgo Maria, citam dans pietatis opem;
    cumque soporifero presul lassata quieti
    menbra daret, sompno lumina fessa leuans,
    undique uirgineis circumuallata choreis
    uenerat in templum uirgo Maria suum;
525 cumque resedisset, uultu ueneranda uocari
    Mercurium iussit. Nec mora, iussus adest.
    Astat et armatus, iussis parere paratus
    uirginis et matris. Cui pia mater ait:
    'Ibis et accelerans interficies Iulianum.
530   Ne mora tardet opus, acceleretur iter.
    Occidat exosus, te percutiente, tyrannus.
    Perge redique celer, celica iussa sequens.'
    Miles ad arma ruit, adiens in Perside regem
    inflictoque graui uulnere uictor abit.

515   *ethra = aethera,* the upper air
526   According to legend, Saint Basil the Great learned from a
      dream that Mercurius had been sent from Heaven to kill Julian.
      Mercurius, or Mercury, was considered a martyr and a saint:
      see Stéphane Binon, *Essai sur le cycle de saint Mercure, martyr
      de Dèce et meurtrier de l'empereur Julien,* Bibliothèque de
      l'Ecole des hautes études: Sciences religieuses 53 (Paris 1937).

535 Talibus inspectis, presul descendit in urbem
ut probet auditis que sit habenda fides.
Nomine Mercurius miles celeberrimus olim
martyrium celebre concelebrarat ibi.
Clarus et insignis et in urbe sepultus eadem
540 morte triumphata carne iacebat ibi.
Cuius ob insigne meritum celebremque triumphum
9r1 milicie signum lancea mansit adhuc.
Hanc modo sublatam cum presul abesse uideret,
cepit maiorem rebus habere fidem;
545 dissimulansque tamen rem censuit esse tegendam,
rebus in incertis certior esse uolens.
Crastina lux aderat cum lancea forte reperta
corporis humani tincta cruore madet.
Quod cum tota simul urbs admirata fuisset,
550 affuit antistes, uisa referre studens.
Nuntiat extinctum transacta nocte tirannum,
uirginis ex iussu Mercuriique manu.
Exhilarata diem tempus designat et horam
urbs, ex post facto facta probare uolens.
555 Exitus acta probat: rex nocte peremptus eadem
militis ignoti dicitur esse manu.
Principis impietas sic est pietate perempta:
illa necis causam prebuit, ista manum.
Grata quies populo, pax urbi, ciuibus aurum,
560 redditur ecclesie pontificique salus.

555 For the line-opening, see Ovid, *Her.* 2.85.

De Sancto Ildefonso

Nobilis antistes fuit Ildefonsus in urbe,
nomine Tholeto, nobilitatis honos,
uir sacer et celebris ac summe religionis,
sedis honor, populi gloria, forma gregis.
565 Hic in amore pie deuotior esse Marie
cepit et inceptis institit usque suis.
Unde fide plenum, uerbis insigne uolumen
uirginis in laudem scripsit amica manus,
quo satis egregie falsos reprehendit aperto
570 dogmate Iudeos Eluidiique nephas.
Premia digna labor, deuotio sancta fauorem
uirginis et matris promeruere sibi;
sicque sui memoris studuit memor esse Maria,
quatinus effectu res manifesta foret.
9r2 Quid labor expectet uel quid deuotio speret,
pontifici monstrant munera, monstrat amor.
Nam cum more suo psallendo silentia noctis
solueret antistes, astitit alma parens.
Dulcibus alloquiis grates referendo, uolumen
580 monstrat et acceptum predicat esse sibi.
Collaudatur opus operis preciosus et auctor.
Virgine teste, placent auctor opusque suum.
Neue minus dignas digno retulisset honori
grates, grata refert munera uirgo uiro.
585 Quem postquam dulci uisu uerboque refecit,

561-618 Saint Ildefonsus, archbishop of Toledo 657-667, was known
as a musician and a writer, esp. of a treatise on the Virgin
Mary. On his legend, see José M. Canal, 'San Hildefonso de
Toledo: Historia y leyenda,' *Marianum: Ephemerides Mariologicae* 17 (Madrid 1967) 437-62.
562 *Tholeto:* Toledo
564 *forma gregis:* the model of conduct for his congregation (cf.
2424 below)
570 Helvidius was a fourth-century heretic who held the 'brethren'
of Christ to be sons born to Mary and Joseph after the birth
of Jesus.

cum cathedra uestem contulit huic et ait:
'Hec allata tibi duo munera de paradiso
    uestem cum cathedra suscipe, care meus.
Hec duo dona tibi soli concessa teneto,
590   hec duo dona mei pignus amoris habe.'
Dixit et, ex oculis subito collapsa, reliquit
    pignus amicicie munus utrumque sibi.
Nemo satis cathedram tibi sufficienter ad horam
    describat, qualis queue uel unde fuit.
595 Vestis candorem, speciem, decus atque decorum
    cum careat simili quis notet arte stili?
Talia pontificem decuerunt, talia matrem
    munera pontifici distribuisse suo.
Munera pontificem commendant, munera matrem,
600   que meritis dignis munera digna dedit.
Quid sibi uult cathedra, nisi spem requiemque laboris?
    Veste nitet niuea uirginitatis amor.
Ne terrena tamen reputet sua dona fuisse,
    que dedit ipsa docet celica queque fore.
605 His iubet hunc uti solum solique licere
    uestis et exhibite sedis honore frui.
Neue minus prudens quisquam sibi sumat honorem
    quem dedit huic soli, uirgo uenusta uetat.
9v1 Hoc quotiens uoluit dum uixit honore potitus,
610   corpore deposito, liber ad astra redit.
Cuius successor uetito semel usus honore
    ne resecundaret, mors cita causa fuit.
Vix erat indutus uestem, uix sede locatus,
    cum rueret subita morte peremtus homo.
615 Quod male presumsit presul, ne forte reuertens
    hoc iteraret item, mors cita clausit iter.
Terminus erroris terror fuit omnibus horis,
    re faciente fidem ne repetatur idem.

586   *cathedra:* the chair of a bishop
601   *sibi uult:* signify, mean
612   *resecundaret:* repeat (an action)
618   See textual notes.

Incipit liber secundus. De liberatione Carnotensium

Presserat obsessis Carnoti ciuibus urbem
620   dux Normannorum, Rollo, dolore graui.
Arma necem, furor excidium, numerosa triumphum
        turba minabantur ciuibus atque loco.
Arridens fortuna duci uentura timere
        predicat a simili condicione sui.
625 Sumtibus assumptis, uirtutibus attenuatis,
        urbs emarcuerat obsidione graui.
Spem timor exclusit. Auxit ducis ira timorem.
        Fit suspecta magis gens feritate sua.
Causa uiam paci clausit, fortuna saluti,
630   quam negat inclusis ira furorque ducis.
Carnotum iam carcer erat; quasi carcere clausos
        undique uallarat uis uiolenta ducis;
cumque resistendi miseris spes omnis abesset
        et prohiberet iter hostis et arma fugam,
635 ad deitatis opem tandem sibi confugiendum
        consensu parili tucius esse putant.
Iam prope limen erat furibundus et hostis et ignis.
        Viribus iste uiam preparat, ille dolo,
cum iam tota simul nouitatis ad arma recurrit
640   urbs et inaudito uincere marte parat.
9v2 Virginis et matris que seruabatur ibidem
        interulam rapiens, ad noua bella ruit.
Hancque, super turrim uexilli more locatam,
        hostibus opponit ignibus atque neci.
645 O nouitatis opus! O res memoranda modernis!
        O noua bellandi forma modusque nouus!
Quisquis in hanc oculos uestem conuertit utrosque,
        frustratus proprio lumine cecus abit.

619 *Carnoti:* Chartres. From *Carnotum* derives the adj. *Carnotensis.*
620 *Normannorum:* the Northmen. In 911 Rollo concluded a
     treaty with Charles III the Simple that ceded to the Northmen
     the basin of the lower Seine (the area later to become the
     duchy of Normandy).

Lumine cassatas divina potentia turmas
650   terruit et subitam fecit inire fugam.
Dux confusus abit, fugit hostis et ignis ab urbe,
     ordine confuso turba reuersa redit.
Victor abit uictus, premitur qui presserat ante.
     Incidit in laqueos gens furibunda suos.
655 Turba, superba prius, humilis ruit; inque ruendo
     reddit quam tulerat hostis ab hoste uicem.
Pro uice quisque uicem dignam tulit hostis ab hoste.
     Sic uariat uarias uirgo Maria uices.
Hostibus extinctis, pax est data ciuibus, urbi
660   grata quies, domino gloria, laus et honor.

<De Sancto Fulberto Carnotensi>

Multa licet calamum reuocent alias, tamen istud
     gestum Carnotho cartula nostra notet.
Sedis honor, non sedis onus, Fulbertus in urbe
     sedit Carnotho, gemma decusque loci.
665 Extulit officium meritis, cumulauit honorem
     moribus, auxit opes uita pudica uiri.
Inuigilans studiis uigilanter honestus honestis,
     instituit fieri forma sequenda gregi.
Nobilis ingenio, scripture dogmata sacre
670   hauserat a puero, corpore mente sacer.
Peruigil in studiis, studiosius ipse Marie
     cepit in affectum mente manuque trahi,
utpote qui fuerat sedis ratione uocatus,
     eius in obsequium prosequeretur idem.
675 Unde fidem factis tanto faciebat amori,
10r1   uirginis in laudem plura notante stilo.

---

654   See note to 166 above.
662   *cartula = chartula,* a little page, a brief writing
663   Saint Fulbert, the bishop of Chartres who died in 1028, was
       renowned in his day for his learning. On his life and works, see
       The Letters and Poems of Fulbert of Chartres, ed. and trans.
       Frederick Behrends (Oxford 1976) pp. xiii-xc.

Hic prior instituit celebrari uirginis ortum,
 extulit et celebrem laudibus ipse diem.
Primus in urbe sua Fulbertus honore perhenni
680 hunc statuit celebrem laudibus esse diem;
utque dies festus festiuior esset, eidem
 consona composuit cantica clara melis.
Hoc opus, iste labor, hec est sententia mentis,
 non sibi, sed soli uelle placere Deo.
685 Contigit interea subito languore grauatum
 pontificem lecto decubuisse diu;
cumque mori potius quam uiuere presul ad horam
 crederet et uite spes sibi nulla foret,
astitit et, morbi causamque modumque requirens,
690 uirgo parens ueri luminis inquit ei:
'Mi Fulberte, quid est? Quis te timor aut dolor urget?
 Ne metuas mortem! Non morieris adhuc.
Surge, nichil timeas. Tibi me mediante salutem
 corporis et mentis noueris esse datam.'
695 Dixit et – ecce! – sinu producta uirgo mamilla
 lactis rore sacri morbida menbra rigat;
quoque Deum pauit in terris, hoc releuauit
 ubere pontificem, pro uice dando uicem.
Lactis ad attactus, morbus fugit omnis abactus.
700 Menbra uigent subito tacta liquore sacro.
Lac quoque uirgineum condigno uase receptum
 certa dedit fidei signa subesse rei.
Re faciente fidem uerbis, lactis liquor idem
 uirginis et matris mirificauit opus.
705 Mira rei nouitas prospexit posteritati,
 perpetuam uerbis re faciente fidem.
Fessa quies reparet; calamus respiret ad horam.

677-8 Whether rightly or wrongly, Fulbert was regarded in the
 Middle Ages as a major figure in the development of devotion
 to the Virgin and in the institution of the feast of her nativity:
 see Behrends, pp. xix-xx.
707-30 The fatigue that Nigel expresses as author is similar to that
 voiced by scribes in colophons and subscriptions.

Det requiem calamo pagina, cera stilo.
Sensus ebes requiem, requiem manus arida poscit.
710   Conuenit hec calamo, conuenit ista stilo.
10r2   Fessa petant requiem. Repetant lassata quietem,
      qua sine nulla queunt posse uel esse diu.
Expirare magis quam respirare uidetur,
      quem labor assiduus obsidione premit.
715   Absque quiete, labor non est durabilis ullus.
      Omnia consumit absque quiete labor.
Deficit in nichilum labor absque quiete. Quietem
      si cupis, ecce quies: absque quiete labor.
Absque labore graui requies tibi nulla paratur.
720   Det labor ergo tibi posse quiete frui.
Viribus et uotis mediante quiete resumptis,
      Musa regat calamum mente manuque stilum.
Accelerare precor, ne sit mora longa periclo.
      Curre uias longas per breuitatis iter.
725   Restat iter longum, labor arduus, area lata;
      sed mediante stilo sit uia longa breuis.
Semper in hac uita dum uiuimus unde queramur
      pluribus ex causis causa subesse solet.
Quam sit enim fragile, quam fictile quamque caducum
730   uas hoc quod gerimus plurima gesta probant.

De monacho resuscitato

Fugerat in claustrum, mundum fugiendo sequentem,
      clericus, ut monachus nomine reque foret.
Nominis officio mutata ueste recepto,
      re tamen abiecta dimidiarat opus.
735   Vestibus induerat monachi sine numine nomen,
      ostendens sine re significata rei.
Nomen habens sine re monachi, sub nomine mundo
      conseruabat adhuc mente manuque fidem.
In duo diuisus, homo duplicitatis iniquum

729-30   An empty vase represented the body separated from the soul.

740   dissimulabat iter uestis honore sacre;
       sicque tegens uicium, crimen discriminat omne
         uestis honestate mens inhonesta uiri.
       Palliat arte dolum, sub relligione reatum,
         ne pateat mundo res manifesta Deo.
745   Iustus in aspectu populi fratrumque suorum,
10v1   ementitus erat simplicitatis ouem.
       Pellis ouina lupum texit quoadusque uenirent
         uiribus et uotis tempora grata suis;
       cumque loci custos factusque sacrista fuisset,
750   cepit iure sui liberiore frui.
       Si qua fuit leuitas in eo quam iure notares,
         excusabat eam crimine fama uacans.
       Fama sed et tacite tacita quid in aure sonasset,
         adnichilata fuit uiribus ipsa suis.
755   Si qua sacris solito minor est reuerentia rebus,
         hanc labor excusat officiumque graue;
       cumque liceret ei uetitis pro uelle potiri,
         fasque nefasque sibi cuncta licere putat.
       Arserat interea miseram miser in mulierem,
760   ignibus illicitis luxuriosus homo.
       Hanc precis, hanc precii nimis importunus eidem
         munere multiplici sollicitare studet.
       Flectitur illa prece precio mediante precantis.
         Non prece, sed precio flectitur omnis homo.
765   Queritur ergo rei tempus, locus aptus et hora;
         queritur illicito tempus et hora stupro;
       cumque reperta forent locus aptus et hora uicissim,
         conueniunt celeres accelerando nefas.
       Nec monachi mulier sed nec monachus mulieris
770   orruit amplexus ille uel illa suos.

749   *sacrista:* sacristan, sexton
751-2 His untainted reputation (*crimine fama uacans*) made his
       lapses into levity excusable.
753   *quid:* should be corrected to *quod,* unless it is construed as
       equivalent to *quicquid*
770   *orruit = horruit*

Turpis utrique sua placuit commixtio carnis,
　　quam repetisse iuuat sepe superque satis.
Plurima fluxerunt annorum tempora postquam
　　ista frequentarant nocte dieque mala.
775 Nec tamen illicitas extinguunt, ut sacientur,
　　sed magis accendunt tempora longa faces;
cumque libido frequens tociens repetita placeret,
　　usus et ars ueneris lege ligauit eos:
quodque prius libitum fuerat, facit esse necesse
780 　　usus; et illicita cogitur ire uia.
10v2 Allicit affectus, consentit iniqua uoluptas;
　　inueterata ligat, usus ut ipse solet.
Dampna tamen fame multa grauitate redemit,
　　ne dampnaret eum fama nefasque graue.
785 Huius erat moris: quotiens transire per aram
　　contigit, ut supplex solueret illud aue;
sicque salutata submissa uoce Maria,
　　ibat quo uoluit quoque necesse fuit.
Hoc quociens repetebat iter, repetebat et illud
790 　　dulce salutantis hanc Gabrielis aue.
Sed neque cura grauis neque transitus acceleratus
　　hoc dum transiret surripiebat aue;
cumque suis uiciis miser insenuisset et annis,
　　nec resipiscentem cerneret ulla dies,
795 sed neque mors presens neque mortis imago future
　　posset ab illicitis hunc reuocare uiis,
quadam nocte tamen, solito de more Maria
　　ante salutata, exit abitque celer.
Claustra monasterii furtim, prout ante solebat,
800 　　egressus solitum carpere cepit iter.
Forte monasterii muros ingentis obibat
　　fluminis unda rapax, unda profunda nimis.
Fluminis ergo uadum subito transire uolentem
　　deuorat absorptum fluminis unda uorax.

786　The angelic salutation to the Virgin (Lc 1:28) begins with the
　　words 'Aue (Maria) gratia plena', whence the prayer.

805 Obrutus ergo miser, sed non ablutus in undis,
   indignus digna morte peremptus obit.
   Obruit unda scelus quod non tamen abluit unda;
   sicque diu tectum detegit unda scelus.
   Terminat excessus carnisque refrigerat estus
810 fluminis unda fluens frigiditate sua.
   Nox abit, hora fluit, conuentus abesse sacristam
   percipit, officio deficiente suo.
   Ordinis et noctis fregere silentia passim
   murmure cum signis pastor ouesque gregis.
815 Queritur absentis presentia; crimina noctis
11r1 multiplici redimit lumine flamma facis.
   Inuenit exanimem fluuiali margine mersum
   multa ministrorum cura uagata diu.
   Concurrunt fratres, ruit altus ad ethera planctus:
820 unica plangendi causa sacrista fuit.
   Triste sed et tristes fratres sallendo frequentant
   funeris officium, munera dando precum.
   Exequiis igitur multa pro parte peractis,
   mortis ab officio surgere cepit homo.
825 Mira rei nouitas primo dubitare coegit,
   ne fantasma nouum falleret arte noua.
   Sed res uera fidem dubiam confirmat et ille
   omnibus exponens omnia fatur ita:
   'Cum miser a rapida moriens submergerer unda,
830 protinus accessit plurima turba nigra.
   Venit et econtra niueo candore chorusca
   turba, sed hec modica mestaque uisa michi.
   Omnibus ergo malis ex una parte locatis,
   ceperunt alia parte locare bonum.
835 Sed trutinando bonis mala preualuere, malorum
   maxima namque fuit copia, parua boni.

811   *conuentus:* religious house
813-14 On the vow of silence, see Ch. 42 of the Benedictine Rule.
821   *sallendo = psallendo*
826   *fantasma:* apparition, phantasm
835   *trutinando:* in the balance (literally, 'in the weighing')

Pauca quidem mecum, sed contra me faciebant
    omnia que feci crimina multa nimis.
Spiritibus tetris miser et miserabilis illis
840   traditus, ad penas iam rapiendus eram.
Solus ab aspectu solo terrebar; et ultra
    quam credi poterat exanimatus eram.
Vallarant miserum timor et tremor undique. Nulla
    spes fuit auxilii consiliiue michi;
845   cumque miser traherer, decus orbis honorque, Maria,
    affuit et toruo lumine dixit eis:
'Quis furor, o miseri? Que uos, o mente maligni,
    causa trahit? Quonam contio uestra ruit?
Sistite! Quem rapitis meus est. Quo iure nefandas
11r2   mittere temptastis in mea iura manus?'
Demon ad hec: 'Tuus est tibi qui contraria semper
    egit et in nullo destitit esse meus?
Si tuus, unde tuus, cui tecum de ratione
    nil commune fuit tempore siue loco?
855   Qui meus usque modo michi se seruire probauit
    corpore, mente, manu, quis neget esse meum?
Ad mea iura frequens, mea iussa secutus ubique,
    qua poterit fieri de ratione tuus?
Moribus et uita michi se sociauit. In illo
860   nil proprium poteris iure dicare tibi.
Que mea sunt iuste noli, iustissima, noli
    tollere, iusta minus ne uideare michi!
Non nisi iusta peto. Si iusta negaueris, ipsam
    quis neget iniustam, que michi iusta negat?
865   Semper obediuit michi meque secutus ubique.
    Fecit multa michi consona, pauca tibi.
Quid nam luxurie cum uirginitatis honore?
    Num Belial Christo consotiandus erit?

---

837   Cf. Mt 12:30 'qui non est mecum contra me est' (and Lc 11:23).
861-2   The demon reminds Mary of the charter (ll. 149-56). This
    internal reference suggests that Nigel conceived of the miracles
    as a unit, rather than as discrete tales.
868   *Belial:* a personification of evil and ungodliness (II Cor 6:15)

Vita placet tibi, non uia, non spurcissima mors, non!
870   Mors, uia, uita michi consona tota placet.
Que mea sunt uel me contingunt de ratione,
        his michi contingat de ratione frui.
In propriam messem falcem, sed non alienam
        mittere iure licet. Quid mea rura metis?'
875 Talia causanti, respondit talibus orsa
        splendida stella poli, uirgo parensque Dei:
'O male mentitos! O singula falsa locutos!
        O furor! O subitus in mea dampna dolus!
Quamuis uita michi sua displicuisset, honore
880   gratuito placuit gratior ipse michi.
Crimen displicuit, placuit ueneratio digna
        et decus exhibitum nocte dieque michi.
Dampna quidem uite reuerentia digna redemit
11v1   uoxque michi totiens multiplicantis aue.
885 Corpore, mente, manu, quicquid deliquit inique,
        omnia dulce meum crimina lauit aue.
Absit ut illud aue tam sanctum tamque suaue
        depreciet praue spem memorantis aue!
Absit ut illud aue necis hunc non eruat a ue,
890   hunc in conclaue ne premat omne graue.
Omne nefas operis lauit deuotio mentis,
        abstulit et uirus mellea lingua uiri.
Si miser errauit, precibus errata redemit.
        Criminis ipsa sui conscia nonne fui?
895 Nonne salutauit me supplex quando recessit
        meque salutata mortuus est in aqua?
Queque meam laudem mors est festina secuta,
        nonne mee laudi continuata fuit?
Exitus ergo probat quoniam meus esse probatur,
900   quem michi commendat tempus et hora necis.
Ne tamen iniusta uidear nimiumue proterua,
        iudicium nati terminet ista mei.'

873-4   See Dt 23:25 and Walther, *Proverbia* nos. 33290 and 36840.
889   *ue:* an indeclinable noun, as in the Vulgate (Ez 2:9, Apc 9:12)

Dixerat et subito cum nunc sententia celo
lata foret nec adhuc pulsus ad ima forem,
905 restituor subito subita de morte reductus
uiribus et uite uirgine matre duce.'
Talia desierat postquam narrare, reuersus
nota monasterii claustra relicta subit;
neue per amfractus rursus descendat iniquos,
910 obiecto uiciis obice claudit iter.
Obice multiplici uicio uia clauditur omni.
Fit nouus ex ueteri, redditus ipse sibi.
Carnis ad excessus pateat ne forte recessus,
castigat uetera tempora lege noua.
915 Temporis indulti spatium rapiendo, salubri
consilio redimit perdita queque prius.
Alter non alius, ueteres nouus alterat actus.
11v2 Virtutum studio fit nouus alter homo.

De monacho ebrioso

Alter amore pie monachus cenobita Marie
920 feruebat studio nocte dieque pio.
Moribus impleuit fuerat quam uoce professus
uitam, ne uesti dissona uita foret.
Mens, deuota prius, deuotior esse Marie
cepit et obsequiis inuigilare suis.
925 Omnia postponens, solum preponit amorem
uirginis et matris dignus amore frui.
Amplius affligit spes dum differtur, amantem
afflictum recreat spes properata magis.
Sed quia precipue uirtutibus inuidet hostis,
930 amplius instigat ad mala queque bonos.
His magis infestus, quos cernit ad ardua gressu
tendere precipiti, precipitare studet.
Totus in insidiis non cessat ubique malignus

---

927 See Walther, *Proverbia* no. 30183.
929-36 The *hostis* is Satan.

          sollicitare bonos fraudibus atque dolis.
935   Circumit insidiis, querens quem deuoret hostis,
          implens officii debita iura sui.
          Contigit ergo semel oblitum sobrietatis
          indulsisse nimis potibus atque cibis.
          Vis uiolenta meri subito surrepsit et, ultra
940   quam decuisset ei, dedecorauit eum.
          Pondere pressa meri, solita grauitate relicta,
          estuat absque modo mens sine mente modo.
          Frons rubet, igniti sine lege uagantur ocelli.
          Luxuriat multo lingua manusque mero.
945   Soluitur in risum sine causa uultus ineptum.
          Castigat calices uentris hanela sitis.
          Pondere uerba carent, ceruix irsuta capillis
          deturpata riget, mens racionis eget.
          Immoderatus amor dulcisque libido bibendi
950   priuant officio singula menbra suo.
12r1 Lingua fit elinguis, nutat sine uertice uertex,
          pes suus absque pede uix sinit ire pedem.
          Viribus ergo uiri uictis uirtute Falerni,
          claustrum noctiuagus intrat et errat ibi.
955   Taliter erranti taurum simulando ferocem,
          cornibus erroris obuius auctor adest;
          cumque ferire fere uellet fera pessima cornu,
          cornibus obiecit uirgo Maria manum.
          Cuius ad aspectum subito tremefactus ad horam,
960   se simulat subitam taurus inire fugam.
          Sed uariando dolum, canis ementita figuram
          rursus adest rabido bestia dente furens.
          Obuia fit rursum pia uirgo reuersa reuerso,
          se canis opponens morsibus atque minis.
965   Territus aufugit rursum; rursumque leonis
          affuit in specie qui fuit ante canis.
          Que, quid et unde sit hec tribus his uariata <figu>ris
          bestia, designant causa modusque rei.
          Sub specie triplici tauri canis atque leonis

956   *erroris auctor:* the Devil

970   monstrant multimodos demonis esse dolos.
          Demonis insidias tociens redeuntis inultas
             non tulit ulterius uirgo parensque Dei.
          Verbere castigat quem castigare perhennis
             pena nequit, tandem talibus usa minis:
975   'Effuge, dampnate! Procul hinc, maledicte, recede,
             ne tibi contingat his grauiora pati.
          Unde meum monachum uel qua ratione, nefande,
             ausus es insidiis sollicitare tuis?
          Quis tibi concessit, cum sis pollutus ab euo,
980   mittere pollutas in mea iura manus?
          Nonne reformidas quicquid michi iure dicatum
             noueris aut titulo quolibet esse meum?'
          Talibus auditis, tenues elapsa per auras
             consuluit celerem pestis iniqua fugam.
12r2   Preuia uirgo uirum manibus sustentat euntem
             perque gradus templi dirigit illa gradum.
          Quem postquam proprio manus officiosa cubili
             reddidit aptatis uestibus, inquid ei:
          'Quam citius poteris cum crastina fulserit hora,
990   surge celer, scelus hoc purificare studens,
          mundet ut immundum scelus hoc confessio munda.
             Ille meus monachus cras adeundus erit;
          criminis admissi maculas meus ille minister
             abluet: ille tibi consiliator erit.'
995   Talibus auditis, miser et miserabilis ille
             que uel unde sit hec querit et illa refert:
          'Virgo Dei genitrix ego sum, uite reparatrix,
             sponsa parensque Dei, uita salusque rei,
          sola carens simili, sine semine uirgo uirili,
1000   celestis merui prolis honore frui.
          Noueris ergo piam quam conspicis esse Mariam,
             que pariendo Deum traxit ad astra reum.
          Fons ego signatus per quem sine semine natus
             est in carne Deus, filius ipse meus.'

1003   *fons signatus:* an image taken from Cant 4:12, referring to the
Immaculate Conception

1005   Dixit et hoc dicto monacho mundoque relicto
            linquens ima soli scandit ad astra poli.
        Iam digesta satis fuerat fex ebrietatis
            uisque soporiferi depopulata meri,
        cum celer a lecto surgens, torpore reiecto,
1010   quo dea mandarat protinus ire parat.
        Peruigili cura redimit confessio pura
            excessus praui dampna dolore graui.
        Abstergunt crimen lacrime, suspiria, uimen.
            Fit nouus ex ueteri, non hodie quod heri.
1015   Lapsus uirtutis casus fit causa salutis,
            ne ruat ulterius mens male lapsa prius.

        De monacho resuscitato

        Viribus atque uiris bene culta Colonia dignum
            ex re nomen habet, urbs populosa satis.
12v1 Urbs opulens, iocunda situ, fecunda uirorum,
1020   uernans perpetua relligione patrum.
        Contigit hic celebre sacri sub nomine Petri
            esse monasterium religione sacrum.
        Inuiolatus ibi sacer ordo monasticus olim
            floruerat, sacri ductus amore Petri.
1025   Set quia multociens facilis discordia morum
            in cenobitarum moribus esse solet,
        inter eos parilem quos contigit esse professos
            uitam, disparilis moribus unus erat.
        Veste quidem monachus, sed moribus a monachatu
1030   longe fuit, factus fexque luesque gregis.
        Vestis honestate monachum mentitus honestum,
            hunc inhonestabat corpore, mente, manu.
        Vitam quam fuerat monachi sub ueste professus
            demonachabatur moribus ipse malis.

1017   *Colonia:* Cologne
1034   *demonachabatur:* he makes unmonastic, he renders unworthy
        of a monk

1035   Vicerat hunc subito proprie petulantia carnis,
      ingluuies uentris et muliebris amor.
    Castra quidem Veneris plus quam sua claustra colebat;
      rarius in cella uir sceleratus erat.
    Iam meretricalis potius quam uir monachalis
1040   promeruit dici de ratione rei.
    Cur tamen ex monacho fuerit cito factus adulter,
      causa subest quoniam deliciosus erat.
    Debilitant uires animi uenus, ocia, uinum;
      quem non debilitent ocia, uina, uenus?
1045   Luxuriosa quidem res est et relligioni
      non bene conueniens cum meretrice merum.
    Nascitur interea miserabilis ex muliere
      testis adulterii, filius unus ei.
    Fama sinistra rei creuit crescente reatu;
1050   queque prius fuerat tecta, retecta uolat.
    Criminis occulti scelus occultare nequibat:
12v2   filius incesta de muliere satus.
    Ceperat ergo suo tanto de crimine fidus
      testis et interpres filius esse patri.
1055   Sed puer etatem pueri preuenit et annos,
      moribus ante diem facta sequendo senum.
    Cernitur in facie similis puer esse parenti,
      cum sit dissimilis moribus atque fide.
    Quem licet induerit facie natura parentis,
1060   hunc tamen a uiciis exuit illa patris.
    Virtutum precio pueri preciosa redemit
      fama sui generis degenerando notam.
    Nobilitas hominis proprii de stipite cordis
      plus quam de carnis nobilitate fluit.
1065   Nobilitant homines uirtus, sapientia, mores,
      non genus aut proaui nomina clara sui.
    Sola uirum uirtus animi reddit generosum;
      quemlibet a uiciis degenerare licet.

1049-50   Virgil, *Aen.* 4.173-88
  1055   On the *puer senex,* see note to 365-72 above.

Ut luat ergo patris redimatque piacula natus,
1070   fit monachus iuuenis tractus amore patris.
Inuidet interea letis sors inuida rebus,
      tollit et e medio mors inopina patrem.
Post obitum carnis mortali carne relicta,
      spiritus ad penas non obiturus abit;
1075   cumque fuisse suum monachum Petrus hunc meminisset
      deque monasterii fratribus esse sui,
iudicis ante pedes ueniam petit, orans
      ut fiat misero mitior ira Dei.
Nil tamen obtinuit quia stat sententia flecti
1080   nescia, ueridico commemorante Dauid:
'Rex, in monte tuo sancto quisnam requiescet
      aut habitator erit arcis in ede sacre?
Qui mala non fecit, qui iusticias operatus
      ingreditur macule nescius atque note.'
13r1   Hinc patiente Petro iusta ratione repulsam,
      affuit acta Petri uirgo Maria prece.
Cum prece cumque Petro uenit ueniamque petiuit
      ante tronum nati uirgo benigna sui.
Obuia fit matri uenienti gloria nati;
1090   auditaque prece uirginitatis ait:
'Cum nequeant pacto quouis mea uerba refelli
      ore prophetarum uaticinata prius,
nec decet aut debet mea sustinuisse repulsam
      mater et a uoto cassa redire suo.
1095   Spiritus ad corpus redeat uiuensque resurgat,
      pro quo decreuit fundere uirgo preces.
Corrigat excessus mortali carne resumpta,
      mortem perpetuam ne patiatur item.'
Dixit; et in corpus anima redeunte reuixit
1100   dandus iam tumulo iamque tegendus humo.
Suscipiunt alacres tristi de morte reuersum
      fratris, gauisi de nouitate rei.
Funere frustratum suppleuit terra sepulcrum.

1081-4   These lines paraphrase Ps 14 (15).

Mortem pressa prius uita reuersa premit.
1105 Leta dies rediit post mesta silentia noctis.
       Gaudia tristicie surripuere locum.
       Grex congaudet oui de fauce lupi redeunti;
         gaudet ouis proprio consociata gregi.
       Creuit amor populi, laus et deuotio cleri,
1110   spes et amor fidei de nouitate rei.
       Leta rei nouitas cunctis sublata reformat
         gaudia, luctus abit, causa doloris abest.
       Ipse suos casus cunctis manifestat, ut illis
         quilibet auditis cautior esse queat.
1115 Alter ab alterius trahit argumenta salute.
         Unica multiplicis causa salutis erat.
       Conscia queque sui mens tacta dolore salubri
         plangere festinat quod superesse uidet.

       De matrona a demone coram senatu liberata

13r2 Militis uxorem Romanis ciuibus ortam
1120   contigit optata prole carere diu.
       Prospera cuncta satis dederat fortuna, sed unum
         defuit unde forent cetera grata magis.
       Anxietas animi cupientis habere quod optat
         estuat et uotis carpitur usque suis.
1125 Res et opes, fundos, generosi stematis ortum,
         cum careat sobole, computat esse nichil.
       Uxorem sterilem causatur habere maritus;
         se sterilem queritur uxor habere uirum.
       Imputat illa uiro quod uir suus imputat illi;
1130   sicque diu steriles tempora longa terunt.
       Prospera cuncta forent nisi sola prole carerent,
         qua sine quicquid habent uile nichilque putant.
       Tristis uterque nimis animo languescit amaro
         quodque magis cupiunt amplius urit eos.

1125 *stematis = stemmatis,* genealogy
1127 *causatur: causor, -ari,* to charge, complain

1135   Queque solent animis fieri solatia mestis
        sunt magis his honeri: gloria, census, honos.
      Consulitur super his medicorum cura, sed illud
        quod natura nequit reddere, nemo potest.
      Si qua tamen miseris superest medicina salutis,
1140   pendet in arbitrio iudicis illa Dei.
      Fluxerat interea cum tempore prolis habende
        temporis ex tractu spesque fidesque simul.
      Sed Domini pietas, tandem commota precantum
        uocibus et uotis, prole beauit eos.
1145   Nascitur ergo patri sterili de coniuge natus
        qui patris et matris frons et imago foret;
      quique seni tribuit sterili de matre Iohannem,
        contulit his sobolem gratia sola Dei.
      Transierat metas pueri iam forcior etas;
1150   iam iuuenum iuuenis flosque decusque fuit,
      cum, patre defuncto, spes una relicta superstes
        matris erat natus, unica cura, sue.
      Unica spes matri luctum de morte mariti
13v1   temperat et matris mite leuamen erat,
1155   quodque carere patre quod et unicus esse parenti
        cernitur, hoc puerum cogit amare magis.
      Arcior innatus amor est in pectore matris.
        Creditur omnis amor matris amore minor.
      Iam puer in iuuenem forma facieque uenustum
1160   creuerat et cuntis carus in urbe fuit.
      Iam satis attigerat tempus uirtutibus aptum;
        sed uiciosa parens hac uetat ire uia.
      Castus in incestum, moderatus in immoderatum
        est conuersus amor. Fas parit omne nefas
1165   atque, quod horrendum dictu nimis esse uidetur,

1138   See Maximian, *Eleg.* 5.54 'Quod natura negat, reddere nemo
      potest' (quoted in Nigel's *Speculum stultorum* 186).
1147   St. John the Baptist, born to Elisabeth and Zacharias when
      they were old (Lc 1:5-58)
1160   *cuntis = cunctis*

tangitur illicito prolis amore parens.
Alloquium, tactus, uisus, locus aptus amori
    illicito licitas supposuere faces.
Passio mentis, amor, qua nil subtilius umquam,
1170   intrat et ingressam depopulatur eam.
Nascitur ex nichilo; nullum tamen orta periclum
    ferre timet. Timidis imperat atque feris.
Luxuriosa parens, caste sub imagine matris,
    in thalamum puerum suscipit inque thorum.
1175   Res leuis ad lapsum nimis est leuitas iuuenilis
    et uenus ex facili cor iuuenile mouet.
Nox, thorus et mulier nimio correpta calore
    prima fuit tanti causa capudque mali.
Consensu parili pariter iunguntur, uterque
1180   pronior in uenerem quam Venus esse monet.
Conscius omnis abest nisi qui uidet omnia solus.
    Dissimulando scelus celat uterque suum.
Quis tamen inter eos castum nisi credat amorem?
    Vel cui suspectus ille uel illa foret?
1185   Unicus est matri defuncti forma mariti;
    arcius hinc illum diligit atque fouet.
Complacet ambobus scelus hoc nouitatis; et ambo
    occultare student quod placet atque iuuat.
13v2   Concipit interea proprio de germine germen,
1190   mater et a nato fit grauis ipsa suo.
Crescit amara seges dulci de semine; uentrem
    torquet et excruciat dulcis in ore cibus.
Pestiferos fructus furtiui seminis edit
    tempore decurso femina feda nimis.
1195   Ne tamen hoc pateat, sceleri scelus accumulare
    querit et abiecta matre nouerca subit.
Protinus ex utero proles miseranda sepulcro

1167   This verse alludes to three of the five *lineae amoris:* see Lionel
    J. Friedman, 'Gradus amoris,' *Romance Philology* 19 (1965)
    167-77.
1170   *ingressam:* the past participle of the deponent verb here used
    passively

redditur et facti fama sepulta iacet.
O quam seua parens, proprie quam prodiga prolis!
1200   O manus inmitis! O mulieris opus!
Perdere progeniem mauult quam perdere famam;
infamis fieri non homicida timet.
Dulcis odor fame sibi quam seruire coegit
munere uirtutum magnificarat eam.
1205   Iudicium populi nec non et presulis urbis
dulcis odor fame conciliarat ei.
Sola sui sexus speculum uirtutis in urbe
iudicio iuuenum creditur atque senum.
Quicquid honestatis, quicquid uirtutis in ulla
1210   cernitur, huic soli creditur esse datum.
Crimine fama carens, populi fauorabilis aura
huius in obsequium prona dedere manum.
Fama fauorque sui populum compellit ut illam
predicet, extollat, laudet, honoret, amet.
1215   Predicat hanc populus, hanc princeps, hancque senatus;
predicat hanc etiam quisquis in urbe manet.
Casta, modesta, pia, sapiens, uerecunda, benigna
et quodcumque potest ulla fuisse, fuit.
Mira Dei pietas, cuius patientia mira,
1220   sustinet atque diu dissimulare solet.
Parcit et expectat et se miserator in ira
continet, immo malis dat bona queque bonus.
Nec punire reos statim nec premia iustis
14r1   reddere consueuit iustus ubique Deus.
1225   Non tamen ulterius sceleris discrimina tanti
angelus inuidie sustinuisse potest.
Consulit ergo suos quos possidet ille nocendi
mille modos, super his que sit habenda uia,
que uia, quisue modus, que conuenientior hora,
1230   quis locus aut tempus aptius esse queat.
Induit humanos ficta sub imagine uultus,
confisus propriis artibus atque dolis.
Et senis indutus formam faciemque uenustam,
singula prosequitur que senis esse solent.
1235   Fit grauis incessu, fit et in sermone modestus,

omnibus in gestis aptus et absque nota.
Omnibus inbutum studiis se fingit ad unguem.
Omnia scit. Nihil est quod latet orbe uirum;
quodque magis mirum multis solet esse, futura
1240   predicat et pandit abdita queque prius.
Facta fidem uerbis faciunt; quodcumque futurum
dicit, in instanti res manifesta probat.
Moribus atque fide Petrus alter adesse putatur;
aut Petrus aut similis creditur esse Petro.
1245   Vestibus et uictu contentus paupere, pauper
spernit opes mundi, nil nisi munda sequens.
Lumina, lingua, manus quasi quodam carcere clausa
moribus et fame consuluere sue.
Angelus exterius (cum sit tamen angelus, intus
1250   sed malus) a populo creditur esse bonus;
cumque satis regi toti placuisset et urbi,
metas propositi sperat adesse sui.
Regis in aspectu ueniens, spectante senatu,
substitit et solito tristior inquit ei:
1255   'Cesar, in hac urbe scelus est, pro crimine cuius
digna foret subito tota ruisse solo.
Horrendum facinus, scelus execrabile, solo
aera quod dictu commaculare potest.
14r2   Crimen inauditum, crimen quod totus abhorret
1260   mundus et illicitum iudicat esse nefas.
Gentibus et populis res est incognita talis;
tale nefas ueterum pagina nulla refert.
Hoc genus incestus refugit genus omne ferarum;
hoc genus, hanc speciem despicit omne pecus.
1265   Quod fera, quodque pecus refugit, quod bestia campi,
solus non refugit bestia factus homo.
Illa quidem mulier, mulier uenerabilis illa
errat et est nato succuba facta suo.
Nec semel aut iterum rediit saciata retrorsum,
1270   sed iacet in uiciis inueterata suis.
Nuper enim proprium proprii de semine nati
quem peperit puerum, seua peremit eum.
Huius ob incestus causam ne tota per orbem

   gens tua depereat, urbs quoque Roma, caue!
1275 Et nisi quam cicius res hec manifesta patescat,
   noueris excidium gentis adesse prope.
   Principis et populi res est suspecta saluti.
   Sollicitus studeat quisque cauere sibi.
   Hec nisi uera fore certa ratione probaro,
1280 quo meruit plecti crimine plectar ego.
   Nec dubium quin uera loquar; manifesta probabit
   res ex post facto singula uera fore.'
   Dixerat. At cuncti communi uoce resistunt,
   hec sua dicentes uerba carere fide.
1285 Hac uice deceptum super hac muliere fatentur.
   Talia de tali credere nemo potest.
   Ille sed econtra penitus contrarius illis
   quam dicunt sanctam predicat esse ream.
   Accendique rogum media rogat ipse platea:
1290 assistat populus, assit et ipsa rea,
   et nisi conuicta fuerit uel confiteatur
   sponte sua, legem quam tulit ipse ferat.
   Interea populum tandem dubitare coegit
14v1 quod prius in cunctis uera locutus erat.
1295 Hoc mouet et regem, quod nil nisi uera locutum
   nouerat et uerbis facta dedisse fidem.
   Ergo diem statuunt certum, quo certiorari
   partibus accitis concio tota queat.
   Comperit hec postquam mulier male conscia, toto
1300 corpore diriguit; dissimulatque tamen.
   Quid tunc mentis ei, penitus ubi mente careret,
   quisnam sufficiet mente uel ore loqui?
   Quam scelus et sceleris sibi mens male conscia tanti
   dampnat et accusat, quid sibi mentis erat?
1305 Quid sibi mentis erat, que iam quasi proxima morti
   flens sedet et scelerum facta reuoluit ita:
   'O nimis infelix, o femina fex mulierum!
   O nimis infelix, femina feda nimis!

1297 *certiorari: certioro, -are,* to investigate

Femina sed fetor, sed fex fetore repleta;
1310   femina fetoris, femina fecis ego.
Femina fex feda, sed fex fedissima, fedi
    fetoris fetu femina feta suo.
Intus ficta, foris fera pessima faxque furoris:
    fax, furor et flamma, femina facta fera.'
1315 Talia commemorans, tristi terebrata dolore,
    urbis pontificem tristis adire parat.
Vir sacer et celebris presul, Lucianus in urbe
    presulis officium tempore gessit eo.
Presulis ante pedes terre prostrata, salubre
1320   postulat auxilium consiliumque sibi.
Singultus, lacrime, gemitus, suspiria, planctus
    contrite mentis signa fuere satis.
Talibus aspectis, presul ratione modesta
    que sit causa rei querit et illa refert:
1325 'O pater, o patrie pastor presulque beate,
    fer, precor, auxilium. Fer pietatis opem.
En trahor ad mortem. Miserere, precor, morientis;
    ne moriar misere, tu miserere mei.
14v2   Me iuuenum, me turba senum, me tota senatus
1330   curia condempnat. Tu miserere mei!
Vatis ab ore noui iam predampnata repente,
    carnis ad interitum mesta gemensque trahor.
Sola michi misere superest sententia mortis.
    Ergo quid ulterius iam moritura querar?'
1335 Questibus et lacrimis presul commotus amaris
    'Non es digna mori, nec morieris,' ait.
'Fama, quod est fame sine causa, sepe laborat;
    rodere summa solet, nescia stare loco,
que numquam stabilis uacuas uaga circinat auras,
1340   litus arans sterile, plurima uana serens.

1339 For the line-ending, see Ovid, *Met.* 2.721.
1340 The image of plowing sand appears often in Classical Latin
    poetry (e.g. Virgil, *Aen.* 4.212, and Ovid, *Her.* 5.116); it be-
    came proverbial in later hexameter poetry (see Schumann,
    Lateinisches Hexameter-Lexikon III, 215).

Currit in incertum, dum spe frustratur inani,
    falsa sed in nichilum tota redire solet.
Principis et populi si te sententia dampnat,
    errat et errasse iure probabis eos.
1345 Quin etiam pro te michi si iurare liceret,
    iurarem super his. Tune uel inde times?
Criminis obiecti cum non sis conscia, uatis
    errat et augurio fallitur ipse suo.'
Tunc ea: 'Nequaquam, pater alme, sed est ita totum
1350   sicut predixit ore propheta suo.
Femina fex urbis, fera pessima, fex mulierum,
    his ego sum uiciis commaculata meis.
Vas ego pollutum, uiciis subiecta nefandis,
    sordibus innumeris sordeo, sumque rea.
1355 Femina feda lues, proprio quasi nupta marito
    succubui nato luxuriosa meo.
Quin etiam puerum proprii de semine nati
    concepi; peperi crimen onusque mihi.
Non satis id fuerat, sed adhuc scelerata nefandis
1360   ausibus adieci multiplicare nefas.
Addo scelus sceleri, ueteri noua dampna furori;
    in mea crudeles uiscera mitto manus.
Quem male concepi, peius pariendo peremi,
15r1   seua parens partum nil miserata suum.
1365 Vix fuit in lucem materno fusus ab aluo,
    cum necis in tenebras mater abegit eum.
Prima dies misero fuit ultima; membra sepulcro
    feda iacent, fedo contumulata solo.
Hec ego, serue Dei, mulier miseranda peregi;
1370   his ego multimodis sum maculata modis.
Nulla piare meos poterunt tormenta reatus.
    Quelibet est tanto crimine pena minor.'
Talia clamanti miseramque reamque fatenti
    compatiens misere, uir miserator ait:
1375 'Noli, cara michi, noli, mea filia, flere,
    sperans multimoda de pietate Dei.
Ter Dominum Petrus una sub nocte negauit;
    septem demonibus plena Maria fuit:

fleuit et in fletu sua dampna redemit uterque.

1380   Accipit hic claues, abluit illa pedes.
Conuersi ueniam meruere uiri Niniuite;
      gratia conuersis summa pepercit eis.
Coniugis ob causam Dauid interfecit Uriam;
      sed lauit lectum flendo propheta suum.

1385   En Egi<ptie> pia uirgo Maria Marie
      spem tribuit uenie, duxque comesque uie.
Porta patet uenie miseratio sola Marie;
      hec et non alia restat habenda uia.
Si scelerum ueniam cupis optinuisse, Mariam

1390   uocibus et uotis sollicitare stude.
Spem fonti uenie totam committe Marie,
      ut precibus noxas abluat illa tuas.
Hec tibi sola potest morbi conferre medelam;
      hec tibi sola potest ferre salutis opem;

1395   nilque reformides quia mundo mitior illa
      res a principio nulla creata manet.
Sola salus miseris, miserorum mite leuamen
      est, erit atque fuit fons pietate fluens.'

15r2   Dixit et, iniuncta digna pro tempore pena,

1400   crimina confessam iussit abire domum.
Presulis ad nutum mulier conuersa retrorsum

1377-80   On Peter's three denials, see Mt 26:34 and 69-75, Mc 14:30 and
          66-72, Lc 22:34 and 56-62, and Io 13:38. On his receiving the
          keys to heaven, see Mt 16:19. On Mary Magdalene and the seven
          devils, see Lc 8:2. Mary Magdalene was believed to be the un-
          named woman who anointed the feet of Jesus (Lc 7:37-8).

1381   See note to 235-6 above.

1383   David contrived the death of Uriah so that he might marry
          Uriah's wife, Bathsheba (II Sm 11:3-27).

1385-6   'Look, the merciful Mary gave hope of pardon to Mary of
          Egypt.' Mary of Egypt was a harlot of Alexandria who went on
          a pilgrimage to Jerusalem, where she was converted through an
          experience with an ikon of the Blessed Virgin: see Konrad
          Kunze, *Studien zur Legende der heiligen Maria Aegyptiaca im
          deutschen Sprachgebiet,* Philologische Studien und Quellen 49
          (Berlin 1969) pp. 9-39 (on the popularity of the legend and on
          Latin versions of it).

corpore, mente domum iussa redire redit.
Inueterata diu ueteris contagia uite
        tergit et abstergit temporis hora breuis.
1405   Fletibus irriguis lauat et rigat omnia cordis
        intima, castigans arcius acta prius.
Tempora flens redimit; gemitu sua dampna relaxat,
        luctibus et lacrimis nocteque dieque uacans.
Sic tamen assidue nomen memorale Marie
1410   inuocat, ut cause consulat ipsa sue:
'Virgo carens simili, spes inuictissima mundi,
        sola tui sexus, flos, decus atque decor,
gloria terrarum, paradisus deliciarum,
        pneumatis hospitium, numen et ipsa pium,
1415   uirgo parens Christi, sine semine que peperisti,
        splendida stella poli, gloria summa soli,
uirgo fauus mellis, cunctis prelata puellis,
        fons uenieque uia, digna benigna pia,
uas Domino gratum, uas mundum sanctificatum,
1420   undique signatum, uas in honore datum:
tu thalamus regis, tu consummatio legis,
        tu celi facies, tu sine nocte dies,
lumen sensificum summe deitatis amicum
        Christum magnificans, lux sine fine micans,
1425   mater, in hac hora pro me misera, precor, ora.
        Crimina terge prece, crimina digna nece.
Me tibi, uirgo pia, tibi me committo, Maria.
        Sum tua, teque sequor teque sequendo precor.
Splendida stella maris, fer opem quam ferre rogaris:
1430   tu mea spes hodie, duxque comesque uie.
Virgo decus morum, decor orbis, flosque polorum,
        flos, decus atque decor, suscipe uota, precor.
Humano generi pro te statuit misereri
15v1   gratia summa Dei; sis memor ergo mei.'
1435   Iamque dies aderat parti prefixus utrique;
        facturusque fidem clericus actor adest.

1414   *pneumatis:* the Holy Ghost

Affuit et Cesar, sacro comitante senatu;
    affuit et presul, tristior ipse tamen.
Contio multa nimis populi conuenit in unum,
1440   rebus in incertis cercior esse uolens.
Illa sui generis multa comitante caterua
    intrat et, aspecto rege, salutat eum.
Concio tota silet. Rex mesta silentia soluens
    uaticinatorem iussit adesse uirum.
1445   Astat et astanti rex, 'En!' ait, 'En mulierem
    quam predixisti criminis esse ream.'
Obstupuit subito uates confusus et illam
    esse negat de qua uaticinatus erat.
'Absit,' ait, 'Non est, o rex, hec femina. Non est!
1450   Absit ut illa sit hec. Sit procul ista, precor.
Ista nichil turpe, nichil hec commisit iniquum;
    sed magis est mulier sancta placensque Deo.
Absit ut hec mulier quicquam commiserit horum.
    Urbe uel orbe parem non habet ista sibi.
1455   Corpore, mente, manu mulier mundissima, totum
    illustrat populum sanctificatque suum.
Ciuibus angelicis hec circumsepta, Marie
    uirginis et matris itque reditque comes.
Virgo parensque Dei celebri comitante caterua
1460   huic comes assistit, huic fauet, hancque fouet.
Sit procul ergo, precor, uirtus uultusque Marie,
    que magis est odio quam fuit ante michi.'
Dixerat et subito tenues collapsus in auras
    spiritus abscessit, non rediturus item.
1465   Principis ante pedes uestigia feda relinquens,
    consuluit subitam pestis iniqua fugam;
quique putabatur uerus prius esse propheta,
    omnibus immundus spiritus esse patet.
15v2   Demonis insidie nil preualuere Marie;
1470   artibus atque dolis fallitur ipse suis.
Fraus patet, hostis abit, mulier saluata recedit;
    mirantur populi magnificantque Deum.
Plebs deuota piam deuotius inde Mariam
    laudat et ad ueniam predicat esse uiam.

De puero Judeo cum Christianis communicante

1475 Forte dies aderat quo sacre carnis ad esum
agni paschalis turba uenire solet.
Fonte renata sacro, plebs circumquaque fidelis
Christicolis celebrem gaudet adesse diem.
Omnis ad ecclesiam concurrit sexus et etas,
1480 angelico cupiens participare cibo.
Letus ad ecclesiam properat cum paupere diues.
Sexus uterque ruit, hinc puer, inde senex.
Quod puer Hebreus cernens accurrit et ipse
intrans cum pueris participansque sacris.
1485 Ignorans igitur quis nam puer esset et unde,
presbiter angelico pane cibauit eum.
Contigit ergo domum puerum de more reuersum
utque solent pueri uisa referre domi,
simplicitas pueri mentiri nescia ueri
1490 simplicitatis opus in sua dampna refert.
Quo pater audito, grauiter succensus in iram,
irruit in puerum, mente manuque furens.
Nulla patrem pietas potuit reuocare furentem,
quo labem nato parceret ipse suo.
1495 Ardentis clibani puerum proiecit in ignem
dextera seua patris, dextra nefanda nimis.
Mesta parens, pueri misero compassa dolori,
clamat et infestis unguibus ora secat.
'Me miseram, quod agis? Quid agis, scelerate uirorum?
1500 Ignibus innocua uiscera nostra cremas!
Ve, quid agis, quid agis? Que tanti causa furoris?
Quid miser admisit? Curue uel unde furis?
16r1 Parce, pater, puero; misere reminiscere matris!
Criminis impietas dedecet ista patrem.'
1505 Ciuibus excitis misere clamore parentis,

1475-1546 On this extremely popular tale, see Theodor Pelizaeus,
Beiträge zur Geschichte der Legende vom Judenknaben,
Inaugural-Dissertation (Halle a.d. Saale 1914).

ocius accurrunt aspiciuntque nefas;
cumque putaretur corpus puerile resolui –
    nam rogus in cineres iam resolutus erat –
accidit astante populo res digna relatu,
1510   res memoranda satis de nouitate sua:
cum puer illesus exiret ab igne camini,
    Catholice fidei dogmata sacra probans,
flamma nichil puerum sed nec tetigisse capillum
    cernitur aut uestem contaminasse suam!
1515 Stat puer illesus quem sic transisse per ignem
    contigit, ut nec odor ignis inesset ei.
Mira rei nouitas magis ac magis esse stupori
    cepit et astantes sollicitare magis;
sed puer accedens causamque modumque reuelans
1520   simplicitate sua talibus orsus ait:
'Cum pater ecce meus me proiecisset in ignem
    spesque michi misero nulla relicta foret,
que super altare templi residere uidetur
    astitit illa michi, femina pulcra nimis.
1525 Femina, que puerum gremio fouet atque Maria
    dicitur a populo, uenit opemque tulit.
Cuius heri populo puer est partitus in escam,
    ignibus in mediis affuit illa michi.
Illa parens pueri, cuius de carne cibauit
1530   esterno populus atque cruore bibit,
illa quidem miserum me conseruauit ab igne;
    contulit hec misero se michi meque sibi.
Illa parens pueri quam plebs deuota frequenter
    inuocat, illa fuit, illa Maria bona.
1535 Huius in accessu candentis tota camini
    friguit ut glacies flamma, calore carens.
Flammam fornacis tepidi quasi flamina roris
16r2   fecit; et ardentes nil nocuere faces.'
Talibus auditis, matrem pietatis honorat
1540   plebs pia dulcisonis laudibus atque melis.

1530   *esterno = hesterno*, yesterday   1537-8   Cf. Dan 3:50.

Catholice fidei Iudea lege relicta,
talibus aspectis, credit uterque parens.
Letus uterque parens puero comitante tenello
gaudet Catholico subdere colla iugo.
1545 Narrat adhuc hodie gens hec Pysana, Marie
pronior obsequiis officiisque piis.

De puero cum alio ludente

Soluere uota uolens puero preeunte tenello
uirginis in templum uenit honesta parens.
Oblatisque prius precibus, procedit ad aram
1550 oblatura pie munera grata dee.
Vota precesque pie mulier deuota Marie
soluit et a uoto soluitur ipsa suo;
dumque parens precibus pro se puerique salute
instat et optatam uirginis optat opem,
1555 stat puer intendens puero quem matris ymago
cernitur in gremio leta fouere suo;
cumque puer puerum uiuum uerumque putaret,
uenit et oblato quem gerit ipse cibo
'Pappa,' ait, 'mecum.' Quo dissimulante, rogare
1560 institit ille magis, ingeminando preces.
Semper idem repetens, porrecti panis ad esum
nunc prece, nunc lacrimis sollicitare studet;
extentaque manu panem protendit in altum,
uim faciens puero quo ualet ille modo.
1565 Simplicitas pueri puerum de more rogantis
digna fauore fuit simplicitate sua.
Compatiens igitur puero, respondit ymago
uiuentis pueri more modoque pari:
'Hac uice non comedam tecum. Tu uero cibabis

1545   *Pysana:* of Pisa
1547-8   The boy and parents in this miracle are not the same as those
          in the preceding one. William of Malmesbury makes a similarly
          abrupt transition when he pairs the same two miracles (ed.
          Canal, pp. 137-8).

1570   mecum post triduum, me tibi dante cibum.'
         Forte loci custos, audita uoce loquentis,
16v1   astitit inquirens quis loqueretur ei.
         Cui puer: 'Iste meus socius' digitoque sacriste
           eminus ostendens insinuauit eum.
1575   Mente quidem tacita puerorum uerba sacrista
           pensat et hoc triduum quid uelit esse notat.
         Cognatos igitur pueri uocat atque parentes,
           rem satis exponens misteriumque rei.
         Nec mora, post triduum puero moriente fidelem
1580   fecerunt uerbis facta secuta fidem.

         Incipit liber tertius. Stupendum miraculum de clerico

         Extitit Europe iuuenis de partibus ortus,
           clericus officio, iuris amator, homo
         moribus et uita cunctis uenerandus honesta,
           uirginis et matris uir uenerator erat.
1585   Cuius in obsequium solitas qui salleret horas,
           clericus hic toto primus in orbe fuit.
         Virginis et matris meritum, celebremque triumphum
           horarum titulis extulit iste prior.
         Hoc speciale decus primus dedit iste Marie,
1590   cuius adhuc hodie clerus ad instar agit.
         Presulis et cleri sibi conciliarat amorem
           et morum probitas et deitatis amor.
         Principis et procerum populique fauore solempnis
           promeruit fieri uita pudica uiri.
1595   Crimine fama uacans nec quauis parte laborans
           ex operum fructu fragrat odore bono.
         Quicquid agant alii, super omnia religioni
           corpore, mente, manu nocte dieque uacat.
         Hoc opus, hoc studium, nichil huic preponit amori;

1585   *salleret = psalleret.* The *horas* are the eight canonical hours of prayer (matins, lauds, prime, terce, sext, none, vespers, and compline).

1600   hunc opibus cunctis preposuisse studet.
          Sed quia felices grauior fortuna frequenter
             tangit et immemores non sinit esse sui,
          sors aduersa uirum – sors toti flebilis urbi! –
             tangit; et attactu fit grauis ipsa suo.
1605   Mira Dei pietas et dispensatio mira,
16v2   cuius iudicia soluere nemo potest.
          Quid, quo consilio, quare uel qua ratione
             ista uel illa facit, omnia corda latet.
          Vulnerat et sanat, prosternit et erigit idem;
1610   ista uel illa tamen de ratione facit.
          Hunc igitur pietas que percutit et miseretur
             percutiens tetigit, sed miserando tamen.
          Frons tumet et, labiis serpentis uulnere cancri
             turpiter exelis, fetet odore graui.
1615   Defluit in saniem tandem corruptio carnis,
             ulcere pestifero depopulata prius.
          Subtrahit accessus hominum faciemque suorum
             fetor et aspectu fit grauis ipse suis.
          Vix superest misero de tot modo milibus unus
1620   qui uelit aut posset illius ire comes.
          Omnibus est honeri quibus antea uixit honori.
             Vilis et abiectus, solus in urbe manet.
          Vir quondam celebris nunc est abiectio plebis,
             ultimus in populo qui modo primus erat.
1625   Qui modo tantus erat, modo tot numerabat amicos,
             nunc extra numerum se dolet esse suum.
          Fortune socios et prosperitatis amicos
             abstulerant penitus pena pudorque suus.
          Diuiciis, opibus, sociis, mundo uel amicis
1630   expertus didicit que sit habenda fides.
          Creuerat interea longo cum tempore morbus;

1613-14   'His forehead swells and, as the lips of the serpent (i.e. Satan)
            exhale foully from the wound of the tumour, it stinks with an
            offensive odour.' *exelis* in this line and *exeli* in 1634 are forms
            of an otherwise unattested adjective *exelus, -a, -um.*
1621   *honeri = oneri*

inque dies grauior ceperat esse dolor.
Arcet ab accessu solo fetore clientes
 uulnus et exeli uulneris atra lues.
1635 Rebus in humanis nil iam superesse uidetur
 quod queat, excepta morte, iuuare uirum.
Hanc miser expectat, quia uita uiuere tali
 quid nisi sepe fuit et sine fine mori?
Taliter afflicto solita pietate salubrem
1640 uirginis affectus accelerauit opem.
17r1 Hunc igitur, sompno dum se de nocte dedisset,
 angelus assumptum ducit ad alta poli.
Grata loci facies, odor optimus, aura salubris
 aspectus fragiles detinuere diu.
1645 Herbarum species bis denas tresque uenustas
 ridenti facie florida gignit humus.
Quarum prima quidem, septena flore referta,
 omnibus excessit, sola decore suo.

1634 See note to 1613-14.
1645-74 The intricate number symbolism in this passage, which is ex-
plained in a preliminary fashion by the angel, is not unique to
Nigel; it also appears in other versions of this miracle. It is
analyzed most illuminatingly by P. Meyer, 'Notice du MS.
Rawlinson Poetry 241: 5. Miracles de la Vierge, par Everard
de Gately, moine de Bury Saint-Edmond,' *Romania* 29 (1900)
27-47 (here: 27-34). The numbers refer to two particular
psalms (Ps 53 and 118) used in the Hours of the Virgin Mary as
well as to the number of sections and verses in these psalms.
For Latin texts with indications of the psalms employed in the
Hours of the Virgin, see *Facsimiles of Horae de Beata Maria
Virgine from English MSS. of the Eleventh Century,* ed. E.S.
Dewick, Henry Bradshaw Society 21 (London 1902). On the
Hours of the Virgin during Nigel's period, see José M. Canal,
'El Oficio parvo de la Virgen de 1000 a 1250,' *Marianum:
Ephemerides Mariologicae* 15 (Madrid 1965) 463-75.
1645 The twenty-three pleasant herbs that the flowering earth pro-
duces are the twenty-two sections of Ps 118 (a psalm used
throughout the Hours of the Virgin) and the one section of Ps
53 (the first psalm at prime in the Hours of the Virgin).
1647 Ps 53 ('Deus in nomine') is divided into seven verses, if the
two verses composing the title are omitted from consideration.

Cetera tota choors herbarum floribus octo
1650   uestit odorifero germine leta solum.
Vernat humus, uario florum depicta colore.
     Quelibet in flores pullulat erba uirens.
Fragrat odor florum, spirans quasi nectar odorum;
     balsama dulcifluo uincit odore locus.
1655 Herbarum numerus sed et hec distinctio florum
     quid notet, exponit angelus orsus ita:
'Herbarum species psalmos designat et horas
     uirginis et matris quos in honore canis.
Herba bis undena centeni terque quaterni
1660   et sexti salmi signa sacrata gerit.
Distinctas species signat distinctio salmi,
     unde uides flores uersibus esse pares.
Celsior illa tamen species salmum notat illum,
     qui quinquagenus tercius esse solet.
1665 Pulcrior hec aliis, septena flore referta,
     septem dona sacri pneumatis esse docet.
Salmorum numerus uarius uarias notat herbas,
     que duo si numeres inuenis esse pares.
Sic etiam salmis quot uersus cernis inesse,
1670   tot etiam flores quelibet herba parit.
Hic locus, ista quies, decus hoc, floresque uenusti
     debita sunt meritis singula queque tuis.
Hec tibi pro meritis digne reddenda reseruat
     omnia post obitum uirgo parensque Dei.'
1675 Dixerat et subito celestis limina porte
17r2   ingreditur letus ipse comesque suus.

1649   *choors = cohors.* Each section of Ps 118 ('Beati qui sunt
       immaculati') is divided into eight verses.
1652   *erba = herba*
1659-60 The herb that is divided into twenty-two parts (*herba bis un-*
       dena) indicates Ps 118 (*centeni terque quaterni et sexti salmi*).
1660   (also 1661) *salmi = psalmi*
1664-5 Ps 53 is made up of seven verses.
1665-6 'This (psalm) is more beautiful than the others, as it is filled
       with a seven-fold flower; it shows that there are seven gifts of
       the Holy Ghost.' The seven gifts find their origin in Is 11:2-3.

Que sit forma loci, que gloria, quisue paratus
    materie species queue uel unde foret,
omnia non solum cum sint bona, sed bona ualde,
1680   nec sua cernentis dicere lingua potest.
Currit in occursum celestis curia, tanti
    hospitis aduentu letificata pio.
Ipsa parens Christi uenientem mitis in ulnas
    excipit et gremio confouet ipsa suo.
1685   Ubera quin etiam matris suggenda ministrans
    inter complexus optulit hec et ait:
'Que michi dilectus in terris filius olim
    ubera suxit homo, tu quoque suge modo.
Ubera que suxit in terris conditor orbis,
1690   hec mea suge meus ubera, care michi.
Ubera suge, precor, celesti lacte referta;
    ubera sunt labiis hec mea digna tuis.
Lacte meo saciare meus; lac dulce parentis
    dignus amore meo, dulcis amice, bibe.
1695   Os, michi quod totiens tot dulcia munera laudum
    obtulit, ulterius nolo dolore premi.
Absit ab his labiis fetor, furor et dolor omnis,
    que michi tot laudes totque dedere preces.
Non decet ut pereat, putri consumpta dolore,
1700   laudibus et titulis lingua dicata meis.'
Talibus auditis, subito sopor et dolor omnis
    cedit et abscedunt tristia queque prius.
Fragrat odore domus, celesti nectare plena;
    balsama fusa putes et tymiama loco.
1705   Morbus abit subito, uestigia nulla relinquens
    uulneris in toto corpore siue cute.
Celitus indulta tanto medicamina morbo
    sentit et attactu comprobat ipse suo.
Visio uera fuit; res est manifesta secuta;
1710   uerbis uirgineis facta dedere fidem.
17v1   Fetor in eximium subito conuersus odorem

1704   *tymiama = thymiama,* incense

defecit, causa deficiente sua.
Nusquam feda lues, nusquam corruptio carnis:
ubere uirgineo fit rediuiua caro.
1715 Pristina forma redit. Facies renouata colorem
contrahit antiquum, contrahit atque statum.
Nulla quidem desunt, quia singula queque reformat
in melius medica uirgo Maria manu.
Fit nouus ex ueteri, cum nec uestigia tanti
1720 uulneris in tota carne relicta manent.
Non est qui fuerat, subito mutatus in illum
qui fuit ante uirum, uirginitatis ope.
Vulnera melliflua matris medicante mamilla,
gutture mellito stillat in ore fauus.
1725 Inueterata diu sanat medicina nouella,
uirginis et matris lacte mamilla sacra;
utque prius fuerat nimio fetore repulsus,
nunc reuocando gradum certat odore frui.
Quos prius atra lues, quos ulceris abstulit horror,
1730 hos medicina noua reddit odorque nouus;
quique sepultus erat longa sub nocte, suorum
fit rediuiuus amor, fit rediuiua fides.
Qui modo solus erat, nullo comitante suorum,
redditus ipse sibi fit comes ecce suis.
1735 Fama rei subito totam uulgata per urbem
leta ruit, populo nuncia facta suo.
Ipse quid acciderit causamque modumque retexens
insinuat populo pontificique suo.
Res manifesta patet celebris, res digna relatu;
1740 confirmat dubiam res manifesta fidem.
Matris melliflue miseratio magna Marie
magna manet, magnis magnificata modis.
Quam pia, quamque potens, quam sit studiosa suorum
uirgo memor memorum, dicere nemo potest.
1745 O quam dulce decus, quam sanctum, quamque suaue
17v2 uirginis obsequiis inuigilare piis.
Cuius amor tantus, cuius miseratio tanta
non cessat famulis semper adesse suis.

De presbitero qui nesciuit aliam missam nisi de Sancta Maria

   Moribus ornatus plus quam sermone latino
1750 presbiter extiterat, simplicitatis homo,
   qui minus artis habens, multum uirtutis habebat,
    culmine uirtutum diues et artis egens.
   Sed pia uita dabat quod et ars et lingua negabat;
    his minus instructus, aptior inde fuit.
1755 Dampna sue lingue multa uirtute redemit
    simplicitatis homo simplicitate sua.
   Vir uite celebris et relligionis honeste
    moribus implebat quod minus artis erat.
   Rectus homo, non retor erat nec multus in arte
1760 grammatica, gratus non minus inde Deo.
   Cordis et oris egens, uir hebes, uir simplicitatis,
    uir qui grammatice nescius artis erat.
   Vir sacer et simplex, qui nullas nouerat artes,
    hac placet arte Deo, simplicitate sacra.
1765 Quid sit grammatica, quid uox, quid litera, quidue
    sillaba siue sonus, hec sibi cura minor.
   Non que uerborum, sed que sit regula uite
    sedulus inquirit, sollicitusque tenet.
   Quid genus a specie, quid res a nomine differt,
1770 mentibus astutis scire reliquit hebes.
   Non est grammaticus, neque retor querit haberi;
    Quintilianus eum denegat esse suum.
   Usus et auditus modicum quod habere uidetur
    (sic tamen est aliquid) contulit illud ei.
1775 Cumque deceret eum missam celebrare frequenter,
    ordinis atque loci de ratione sui,

1748-9 *missam:* Mass, the celebration of the Eucharist
1749-1932 The miracle of the priest who knew only one mass was one of
    the oldest Marian miracles to originate in the West and was
    widely known: see Pierre Kunstmann, 'La Légende de saint
    Thomas et du prêtre qui ne connaissait qu'une messe,'
    Romania 92 (1971) 99-117.
1759 *retor = rhetor*

semper idem repetens missam celebrauit eandem,
 nil uarians aliquo tempore siue loco.
Virginis et matris illud uenerabile 'Salue,
18r1 sancta parens' semper et sine fine canit.
Hoc et non aliud anno uoluente reuoluit;
 hoc iterauit heri, cras iterabit idem.
Omnibus hoc annis, hoc tempore quolibet anni,
 hoc est cotidie quod canit atque legit.
1785 Hoc est officium quod sancto conuenit omni;
 omnibus et solis conuenit illud idem.
Hoc patris, hoc nati, sed et hoc est flaminis almi;
 conuenit hoc uni, conuenit atque tribus.
Soluere defunctos habet hoc, ueniamque precari;
1790 hoc habet et uiuos conciliare Deo.
Hoc est officium quod ad omnia conuenit unum;
 omnibus hoc solum sufficit estque satis.
Presulis hoc igitur postquam peruenit ad aures,
 rem iubet inquiri, que sit et an sit ita.
1795 Archileuita celer, qui terram circuit omnem
 ut scelus acceleret, accelerare studet.
Nec mora, more sacro super his conuentus ab ipso,
 uir sacer et simplex esse fatetur ita.
Presulis in uetitum cupidos traxere ministros
1800 lucri spes et odor, non deitatis amor.
Ipsa licet tenuis rerum substantia clerum
 pontificemque suum traxit amore sui;
dumque sacerdotis que sit substancia pensant,
 hunc magis insimulant criminis esse reum,
1805 non quod sit facinus, sed que uel quanta facultas
 assit auaricie pensat hanela sitis.
Non homo sed census hominis peccasse putatur;
 protinus ergo luat quem liquet esse reum!

1787 *flaminis almi:* the Holy Ghost
1795 *Archileuita:* archdeacon. *circueo = circumeo.* The line alludes
 to Satan, just before he began his persecution of Job (Iob 1:7).
1806 *hanela = anhela*

Corporis et mentis oculos dum uana uoluptas
1810   uincit et excecat, fallitur omnis homo.
Luxus opum leuiter solet eneruare potentes,
         inque suos pietas absque rigore cadens.
Indiscretus amor, pietas et cura suorum
         plus uiget in clero plusque rigoris habet.
18r2   Unde sacerdotem grauius peccasse fatentur
         et grauioris eum criminis esse reum.
Causa sacerdotis grauis est: coniurat in illum
         presulis et cleri contio tota sui.
Subuersor populi, derisor misteriorum
1820   dicitur et fidei nescius esse sacre.
'Vir sine doctrina legis nec in arte peritus
         qua ratione gregem pascet et unde suum?
Sic abit in nichilum uigor ecclesiasticus omnis,
         inque sacerdotum deperit ipsa manu.
1825   Excessus igitur tantos et tam manifestos
         absit ut ecclesia dissimulare queat.
Scandala tollantur, grauior ne forte ruina
         accidat exempli de ratione sui.
Sic uigor ecclesie, sic est seruanda potestas,
1830   ne status illius decidat atque decus.
Presbiter ergo gradu careat, succedat et alter
         dignus ut officium suppleat atque locum.
Rebus et officio debet de iure carere,
         debet et a propriis finibus esse procul.
1835   Cur dispensandum uel micius esset agendum?
         Sufficiens causa nulla subesse potest.
Si genus attendas uel que sit origo parentum,
         omnia seruilis condicionis erunt.
Sed neque magnorum quisquam sibi propiciatur,

1811-14   The passage refers to nepotism, a failing against which Nigel
          railed in his *Tractatus* and in his prose letter on the *Speculum
          stultorum.*
  1824   *ipsa:* understand *ecclesia* (see 1826) or correct to *ipse* (see
          uigor ecclesiasticus in 1823).

1840   nec grauis est super his ira timenda ducis.
      Sed neque res quicquam regem contingit ut ipsa
        debeat aut possit displicuisse sibi.
      Forte tamen populi sibi conciliauit amorem.
        Cur? Quia fauit ei uirque remissus erat.
1845   Unde uelut populus, sic cernitur esse sacerdos;
        immo magis populo desipit ipse suo!
      Cesset ab officio. Cedat sua porcio clero
        aut cui clerus eam presul et ipse dabit.'
      Talibus auditis, commotus amore suorum
18v1   contulit assensum presul et ipse suum.
      Dissimulando tamen se finxit longius ire,
        hoc uelut inuitus uique coactus agens.
      Sic uoluit cogi qui sic est forte coactus.
        Verba negantis habet, facta uolentis habens.
1855   Nec desunt lacrime leto de pectore tristes,
        quas prelatorum constat habere chorum.
      Nacta locum, lacrimas tristes mens leta propinat,
        anxia uindicte, mente manuque furens.
      Hee non sunt lacrime quas Petri siue Marie
1860   fudit amor, uenie ductus amore pie.
      O dulces lacrimas, o luctus deliciosos
        quos furor et uindex iudicis ira parit!
      Talibus in lacrimis solet ebullire uenenum,
        corde quod absconsum contigit esse diu.
1865   Quoddam leticie genus est species lacrimarum
        talis; et hac specie presulis ora madent.
      Rebus et officio quoniam spoliatus inique
        presbiter abscessit, presule flente tamen,
      humana uiduatus ope, deitatis in aure
1870   clamat et assiduis fletibus orat opem.
      Nec mora, clamantem solita pietate benigna
        audit et exaudit uirgo parensque Dei.
      Presulis ante thorum media de nocte corusca
        astitit et toruo lumine dixit ei:

1851   *longius ire:* to leave, go off. Cf. Lc 24:28.

1875 'Pessime pontificum, nec re, nec nomine dignus
   pontificis, quid agis? Cognita sumne tibi?
   Summi regis ego genitrix, ego uirgo Maria,
   quam male lesisti, quam male ledis adhuc.
   Ille meus famulus et cancellarius idem
1880 ille meus nocuit quidue uel unde tibi?
   Presbiter ille meus a te spoliatus inique
   rebus et officiis qua ratione fuit?
   Iuris forma tui fuit hec, tua sola uoluntas,
   non aliud, cleri uoce fauente tibi.
18v2 Te carnalis amor, te sollicitudo tuorum
   traxit et illicitas fecit inire uias.
   Te tibi surripuit amor indiscretus eorum
   quos de stirpe tua contigit esse satos.
   Quam male pontificem decet et raptoris habere
1890 nomen et hoc factis promeruisse suis!
   Ex re nomen habes, raptorem res manifesta
   te probat et populi contio tota tui.
   De pastore lupus, factus de presule predo:
   hoc quod debueras parcere, predo uoras.
1895 Talia pontificum non sunt bene conuena gestis;
   talia pontificem dedecuere pium.
   Parcere simplicibus et debellare triumphos
   debet pontificis dextra sacrata pii.
   Vita pudica uiri, morum grauitate uenusta
1900 simplicitasque sua digna fauore fuit.
   Ergo uirum iustum, nullo prohibente tuorum,
   rebus et officiis illico redde suis.
   Quod si distuleris, pro certo te moriturum
   infra terdenum noueris esse diem.'
1905 Dixit et, angelicis digne comitata choreis,
   unde prius uenit uirgo reuersa redit.

1879 *cancellarius:* chancellor
1895 *conuena:* suitable, fitting. The adjective seems to be a hapax
   legomenon.
1897 Cf. Virgil, *Aen.* 6.853. See textual notes on this line.

Virginis ad uocem presul turbatus et ultra
quam credi poterat contremefactus ait:
'Erraui, fateor' — miserum sua facta remordent —
1910   'Sanguinis et carnis me superauit amor.
Errorem fateor, amor indiscretus ad ima
traxit et excessi carnis amore mee.
Me miserum fateor. Miseri miserere, benigna!
Omnia restituam, sed miserere mei!
1915   Mos prelatorum et consuetudo cauenda
me plus quam reliquos fecit amare meos.'
Accelerans igitur, mortis terrore coactus,
presul predictum iussit adesse uirum.
Iussus adest. Cunctis uisum de nocte reuelat
19r1   presul et ablata cuncta reformat ei.
Res, gradus, officium, locus, et substantia tota
redditur et solito gaudet honore frui.
Presul enim supplex errasse fatetur in illo;
supplicis et cleri lingua fatetur idem.
1925   Virgo sui memorum memor indefessa per euum
hoc meruit titulo clarior esse suo.
Presulis et cleri fastum fraudemque refellit
conseruans seruum uirgo benigna suum.
Nos quoque seruare dignetur et associare
1930   his quibus ad patriam dat Deus ire uiam.
Postquam diuicie uirtuti preualuere,
uirtutes precium dedidicere suum.

1915   The line should probably be scanned 'Mōs prēlātōrūm ēt
cōnsŭĕtūdŏ căuenda,' with no elision and lengthening of the
syllable at the caesura and with shortening of a vowel in
consuĕtudo (as in *consuĕuit* in 1224).

De ymagine Iudeum conuincente

Ciuis in urbe fuit Constantinopolitana
nobilis et nimie simplicitatis homo.
1935 Vir mercator erat, nomenque Theodorus illi;
extitit et census non mediocris ei.
Sed quia luxus opum leuis est ciciusque recedit,
cesserunt leuiter luxus opesque leues;
utque solet subito pauper de diuite factus,
1940 mercibus absumptis cepit egere nimis;
quique prius fuerat cunctis uenerandus in urbe,
omnibus est factus uilis in urbe sua.
Omnia deficiunt, fortuna deficiente.
Cum parat hec reditum, cuncta redire parant.
1945 Cogitur extremo mendicus ad hostia uictum
querere, quo saltem uiuere possit inops.
Cum sit egestatis onus inportabile semper,
inter conciues plus grauitatis habet.
Duplex pena mali grauat: hinc rubor, inde ruboris
1950 nescia paupertas degenerare facit.
Omnibus est odio quibus esse putabat amori.
Absumptis preciis, nil ualuere preces.
Dum bene successit, nomen sapientis habebat;
19r2 nunc quia res periit, desipientis habet.
1955 Pluribus expertis sed prosperitatis amicis,
Iudei tandem poscit egenus opem.
Respondens Habraham (quia sic erat ille uocatus):
'Compatior fatis, tristis amice, tuis.
Si uadium uel pignus habes, miserebor egenti
1960 que cupis et quanti ponderis era dabo.
Vade, uadesque para, quia nudis credere uerbis
nolo; nec id tutum creditur esse michi.'

1933-2118 On the miracle of the image which was made the collateral in a
loan, see *Deux Miracles de Gautier de Coinci,* ed. Erik Boman,
Thèse pour le doctorat à Göteborg (Paris 1935) pp. vii-xv.
1960 *era = aera*

'Accipe,' pauper ait, 'fidei uenerabile pignus,
    qua nichil in mundo carius esse potest,
1965   queque mee fidei spes est, capud et mediatrix,
    uirgo Dei genitrix, hanc tibi pono uadem.
    Nomine sub cuius nulla ratione licebit
    fallere, testis erit uirgo Maria michi.
    Ista uades uadiumque; michi preciosius isto
1970   pignere nil habeo, nil habiturus ero.
    Ista mee fidei capud est et conscia uoti,
    hec etiam pacti testis et obses erit.
    Quam uiolare michi nulla ratione licebit,
    sit, precor, ista loco pigneris atque uadis.'
1975   Cogitur assensum precibus prestare petentis
    creditor, antiquo ductus amore uiri.
    Stabat in ecclesia cui nomen Summa Sophia
    matris imago <sacri> more dicata loci,
    que tamen in tabula uario uestita colore
1980   artificum manibus picta decenter erat.
    Hac igitur statuunt ut fiat ymagine coram
    uirginis hoc pactum, ne uioletur idem.
    Conueniunt igitur pariter Iudeus et alter
    quo statuere die, quo statuere loco.
1985   Virginis et matris iurat sub nomine pauper
    reddere depositum remque carere dolo.
    Ille bone fidei committens cuncta Marie
    mox exponit opes quas siciebat inops.
19v1   Nec mora, perceptis opibus discedit ab urbe
1990   ascensaque rate longius ire parat.
    Artis et officii ueteris memor, instat emendis
    mercibus ut lapsas sic reuocaret opes.
    Aspirat fortuna uiro; substantia rerum
    crescit et excrescit multiplicata nimis,

1969   *uades uadiumque:* both nouns in the nominative case.
      Translate 'She is my surety and pledge.'
1977   St. Sophia, the cathedral erected by Justinian and dedicated
      to Holy Wisdom

1995 inque breui spatio factus de paupere diues
   res et opes uarias uix numerare potest.
   Prospera cuncta uiro succedunt, nilque sinistrum
   accidit; ad uotum cuncta fuere suum.
   Ergo redire domum festinat ut omnia soluat
2000 debita Iudeo fenoris ante diem.
   Multa tamen uotis obstant contraria iustis,
   quodque magis cupimus, tardius omne uenit.
   Obstat hiemps uotis. Obstat mare, sidera, uenti.
   Ventus et unda furens equoris obdit iter.
2005 Attemptare fretum prohibet sub turbine tanto
   uentorum rabies atque procella grauis.
   Instat hiemps grauior, uentus crebrescit et aure
   spiritus equoreum seuit in omne solum.
   Anxius ille nimis, ne fama fidesque laboret.
2010 Quam natura negat, inuenit arte uiam.
   Ergo techam modicam subtili uimine textam
   preparat, imponens credita queque sibi.
   Hanc etiam proprio studuit signare sigillo;
   scripsit et exterius hoc breue carmen habens:
2015 'Accipe, care meus Habraham, michi credita quondam,
   que genitrice Dei teste remitto tibi.'
   Taliter inscriptam uentis committit et undis.
   Ne tamen erret, ita uirginis orat opem:
   'Que michi, uirgo parens, te sunt uade credita, serua.
2020 Cuncta tue fidei sunt data, nulla mee.
   Quo michi non licuit nec adhuc licet ire uolenti,
   transfer opes meritis per freta longa tuis.
   Terminus ecce prope soluendi fenoris instat,
19v2 quod michi commissum te quoque teste fuit.
2025 Sint, precor, ergo tue fidei commissa soluta,
   soluere quo teneor te quoque teste die.
   Terra tibi seruit, tibi seruit et ignis et aer;
   et maris unda, precor, seruiat ista tibi.
   Sidera, terra, mare tibi sunt commissa regenda:
2030 hec quoque committo, uirgo Maria, tibi.

2011 *techam = thecam,* a money-box

Tu rege, tu serua. Sint omnis te duce salua.
Accelerare, precor! Terminus ecce prope!
Te duce seruentur, te propiciante per undas
litora certa petant quaque iubentur eant.
2035 Te duce regna petant Constantinopolitana;
te duce percipiat creditor ista meus.
Si bene perueniant illuc, tibi cedet honori.
Si pereant, culpam quis neget esse tuam?
Virgo parensque Dei, quorum tu testis et obses
2040 esque relicta uades, sis precor ipsa comes.
Quod potui super his feci nec sufficit illud.
Fac quoque posse tuum sufficietque satis.'
Anxius interea nimium Iudeus ab urbe
litora multociens incomitatus adit.
2045 Litora lata maris languentia lumina frustra
detinuere diu, spe pereunte sua.
Ventus et unda patent sed puppis in equore toto
nulla nec ad uotum cernitur ire suum.
Mestus adesse diem queritur quo credita solui
2050 debuerant nec adest qui sibi soluat ea.
Virginis et matris nomen maledicit et illam
criminis istius asserit esse ream;
cumque redire parat, cernit spumantibus undis
nescio quid modicum quod maris unda trahit.
2055 Leniter appulsum flatu famulante secundo
arripit. Arreptum quid sit et unde uidet.
Litera scripta docet cui quis transmiserit illud;
quo duce, quaue uia uenerit unda notat.
20r1 Taliter inuenta clam tollit clamque reponit,
2060 arcius obseruans ne manifesta forent.
His igitur gestis tandem cessante procella
grata quies pelago redditur atque solo.
Anxius ad patrias remeare Theodorus horas
rebus dispositis accelerauit iter.
2065 Ventus et unda uocant, uentis dat uela secundis,
limite fluctiuago litora nota petens.

2042 *posse:* power, ability

Uxor in occursum turba comitante parentum
proruit et populi contio multa sui.
Nec mora, Iudeus commissa talenta reposcit,
2070 acrius insistens ut cito soluat ea.
Temporis et fidei metas uiolasse Mariam
arguit, hunc precio depreciasse suo.
Iste sed econtra se persoluisse talenta
uirgine teste sibi dicit. At ille negat.
2075 Lis grauis et longa super his protracta quietem
optinuit tandem, condicione tamen:
in commune placet ueniant ut ymaginis ante
uultum quo pactum constituere prius;
quique reposcit opes, iuret Iudeus ab ipso
2080 reddita nulla sibi; reddat et alter ea.
Conueniunt igitur multis comitantibus illuc
quo fuerat finem lis habitura suum.
Virginis et matris Iudeus ymagine tacta
iurat et abiurat quas habet intus opes.
2085 Talia iuranti subito respondit ymago
uirginis et matris, talibus orsa modis:
'Cur mentiris?' ait, 'Numquid non plena talentis
me mediante tamen archa reperta fuit?
Quam tibi restitui, per me tibi restituendam
2090 fluctibus in mediis tradidit iste michi.
Hec tibi nota satis scripto fuit atque sigillo
quo, cui, quid ueheret, queue uel unde foret.
Que soluenda petis, tibi sunt me teste soluta.
20r2 Hec licet absconsa sint et in ede tua.
2095 Nonne fui presens in litore quando talenta
que petis ante tuos attulit unda pedes?
Me sunt teste data, sunt me quoque teste relata
que dedit unda tibi me tribuente sibi.'
Protinus erubuit animo confusus et ore
2100 Iudeus facti concius ipse sibi.
Cor stupet, ossa tremunt, rubor et confusio uultus

2088 *archa:* chest, coffer
2100 *concius = conscius*

criminis interpres ore tacente fuit.
Abdita que celat Iudeus, ymago reuelat
et conuincit eum criminis esse reum.
2105 Que detestari, que non ualet inficiari,
omnia Iudeus detegit, immo Deus.
Protinus ergo sacri babtismi fonte renatus
credidit et secte plurima turba sue.
Mira rei nouitas, subito uulgata per urbis
2110 compita, finitimis fit manifesta locis.
Mira rei nouitas populum trahit et patriarcham;
ad nouitatis opus sexus uterque ruit.
Res noua, res celebris, celebri res digna relatu
laude noua celebrem contulit esse diem.
2115 Ex hoc ergo die populus Iudeus ibidem
uilior est habitus huius amore rei;
sicque fide populi crescente, refriguit estus
gentis barbarice detumuitque tumor.

De clerico pro puella Deum negante

Arserat illicito correptus amore puelle
2120 clericus a cleri condicione procul.
Ocia longa faces primo tribuere furori:
tela secunda dedit desidiosa quies.
Virginis in risu Venus illaqueauit amantis
lumina. Feminea forma fefellit eum.
2125 Nemo quid expediat sed quid iuuet optat amantum;
acrius in uetitum nititur omnis amans.
Omne quod optat amans licitum putat, immo necesse;
20v1 et quodcumque licet non licuisse putat.
Quod cupit et sperat mens obtinuisse laborat,
2130 anxia nec precio, nec prece, necque dolo.
Virgo tamen prudens, precibus preciisque remissis,
depreciat precio dona precesque suo.
Dona, preces, iuuenem spernit, fugit atque repellit,

2107 *babtismi = baptismi*
2126 Cf. Ovid, *Am.* 3.4.17.

indignum reputans huius amore frui.
2135 Dona remissa domum, dolor et despectus amantis
    acrius accensas exacuere faces.
Saucius igne nouo nouitatis ad arma recurrit,
    ignibus illicitis arte parando uiam.
Carminibus magicis satagit reuocare repulsam,
2140 quam nimis indigne sustinuisse dolet.
Quam prece nec precio ualet emollire, nefandis
    carminibus studuit sollicitare suis.
Prestigiis igitur et demonis arte dolosa
    instat et instanti fallere fraude parat.
2145 Ars tamen effectu caruit; solitumque uigorem
    miratur magicis augur abesse suis;
impatiensque more stimulo stimulante furoris
    artibus elisis demonis orat opem.
Nec mora, demon adest spondetque cupita libenter,
2150 hac interposita condicione tamen:
'Si cupis' inquit, 'amans tibi me prestare quod optas,
    te facies seruum tempus in omne meum.
Insuper accepta fidei documenta negare
    expedit et Christum cum genitrice sua.
2155 Hec sunt que nostros decet obseruare ministros;
    hec obseruabis si meus esse cupis.'
Clericus 'absit' ait 'Christum sine fine negare
    cum genitrice sua. Cetera queque placent.
Absit enim Christum sanctamque negare Mariam,
2160 omnia si mundi tu michi regna dares.
Cuncta libens faciam saluo deitatis honore
    et pariter salua uirgine matre Dei.'
Qui modo liber erat nullo dominante, maligno
20v2 in seruum datus est seque subegit ei.
2165 Nox abit et noctis princeps cum nocte recedit,
    inflammans animos uirginis igne nouo.
Clericus in mentem rediit; placuitque repente
    qui modo displicuit, qui modo nullus erat.
Forma, decor, probitas, feruens in amore iuuentus:
2170 omnia iudicio grata fuere suo.
Penitet errasse, piget et spreuisse rogantem.

Decertant pariter hinc amor, inde pudor.
Frangit amor uires, torpor grauis occupat artus,
    intima consumit ignis amoris edax.
2175   Nox abit insompnis. Suspiria pectus hanelum
    crebra trahit, lacrimas fundit ocellus amans.
Lumina, lingua, manus solito uiduata uigore
    deficiunt. Tristis pallor in ore sedet.
Dissimulando tamen multumque diuque reluctans,
2180   quid paciatur amans dissimulare studet.
Sed color et facies mentiri nescia morbum
    quem fouet inuita dissimulare studet.
Vulnera tecta diu facies macilenta reuelat.
    Que sit causa mali pallida menbra notant.
2185   Preualuit tandem penitusque pudore reiecto
    uicit et euicit imperiosus amor.
Nec superare ualens nec dissimulare furorem,
    omnibus exponens quid patiatur, ait:
'En ego iam morior, nisi se michi clericus ille
2190   iunxerit et uoto perfruar ipsa meo.
Huic et non alio me desponsate marito;
    omnibus inuitis hunc ego sola sequar.
Hunc et non alium cicius date, queso, maritum,
    ne manus in iugulum seuiat ista meum.
2195   Hic placet, hunc cupio, nil est michi dulcius isto:
    hunc michi ne moriar accelerate, precor.'
Talia clamantem tristes rapuere parentes,
    arcius instantes cesset ut ista loqui.
Vincula, flagra, minas manibus perpessa suorum,
21r1   forcius inceptis perstitit illa suis.
Viribus in uacuum consumptis, cura parentum
    cedit et assentit uictus uterque parens.
Presulis assensus et dispensatio cleri
    queritur ut liceat lege coire thori.

2175   *insompnis = insomnis. hanelum = anhelum*
2178   Paleness was traditionally expected of lovers: see Ovid, *Ars amat.* 1.729: 'palleat omnis amans.'

2205 Presul adesse iubet iuuenem ductumque seorsum
conuenit et super his quid uelit ipse rogat.
Ille licet timide retegit tamen omnia, solis
demonis exceptis artibus atque dolis.
Cuius in arbitrio mors est et uita rogantis,
2210 pectore, uoce, manu presulis orat opem.
Presulis assensum meruit qui cuncta meretur:
sanguinis et carnis inmoderatus amor.
Dispensare quidem pro tempore proque nepote
presulis ad tempus, quis negat esse pium?
2215 Temperat austere legis patriarcha rigorem,
proque bono pacis proque nepote suo.
Quicquid presumit leuitas aut impetus ire
presulis, hoc sanctum dicitur atque pium.
Non est difficilis interprete causa benigno:
2220 presulis ad nutum pagina queque canit.
Presulis et cleri placet hec sentencia cunctis
et toleranda satis ista statuta probant.
Clericus ista probat cupidus, probat ista puella,
subscribit uotis letus uterque suis.
2225 Clericus et clerus bene dispensasse fatentur
pontificem, facti sit noua forma licet;
nubere uirginibus post uotum uirginitatis
ordinibusque sacris hac ratione licet.
Venerat ergo dies quo nubere nimpha marito
2230 debuit atque uiri uirgo subire thorum;
misteriisque sacris solempni more peractis
indulgent uariis potibus atque cibis.
Hinc yminea uocant, uario sonat aula tumultu,
exhilarat facies organa, uina, dapes.
21r2 Turba ministrorum iocunda ministrat habunde
omnibus ad uotum singula queque satis.
Pronus ad occasum iam sol uergebat et umbras
crescere declinans fecerat orbe suo.

2233 *yminea = hymenaea,* wedding songs
2235 *habunde = abunde*

Sed fugiente die iuuenis meminisse Marie
2240   cepit et horarum uirginis esse memor.
Restat adhuc nona soliti soluenda tributi,
que solito nondum more soluta fuit.
Hanc sibi subripuit, reliquas cum salleret horas,
missa sacerdotis accelerata nimis.
2245   Tardior hora monet ne plus tardando moretur,
si placet et solita soluere uota uelit.
Oblitum solitam solitus monet usus ad horam,
quem tamen ex facili dedidicisse nequit.
Usus et hora uocant solitum persoluere pensum:
2250   serior hora rogat, imperat usus ei.
Hec uocat, ille monet, rogat hec, iubet ille; cohactus
tum prece, tum monitis, quo uocat usus, abit;
dumque uetus iuueni preiudicat usus amori,
cogitur hic sperni, cogitur ille coli.
2255   Nox cita, uirgo recens uenerisque coeua iuuentus
causantur subitas has in amore moras;
dumque nouum subito uincit uetus usus amorem,
cedit amor quoniam uim facit usus ei.
Hinc uulgi strepitum fugiens populique tumultum,
2260   clericus ecclesie limina solus adit;
inceptaque diu dilata uirginis hora,
altaris supplex sternitur ante gradum.
Verba soporifero clauserunt lumina sompno:
uox et uerba silent, lumina sompnus habet.
2265   Nec mora, uirgo parens aspectu torua minaci
astitit, inquirens an sibi nota foret.
Quo respondente quia non cognosceret illam,
illa refert: 'Ego sum uirgo parensque Dei.
Virgo Dei genitrix ego sum, de qua modo nonam
21v1   cantabas, quam tu despicis atque fugis.
Virgo Maria potens ego sum· regina polorum,

2241 *nona:* none, the sixth canonical hour (see note to 1585)
2253 *praeiudico* with two datives is unusual. Translate 'and since
long-standing experience prejudiced the youth against love.'

cuius amore frui spernis amore nouo.
Me quasi nulla forem nouitatis amore repellis;
sed patior, nouitas dum placet ista tibi.
2275 Mesta tamen doleo quod me pro pelice spernis.
Spernor, et in thalamum ducitur illa meum;
quodque magis doleo, specie seductus inani
spernis coniugium pro meretrice meum.
Numquid me melior, numquid me pulcrior illa?
2280 Pulcrior et melior hec tibi uisa tibi?
Cur tibi uilis ego? Vel cur despecta uideri
debeo? Sumne minus casta minusue decens?
A puero tibi sum casto sociata tenore
et specialis amor te dedit esse meum.
2285 Sed modo despicior et pro meretrice repellor.
Spernor et intuitu turpis amoris ego.
Vincula coniugii nouitatis amore resoluis.
Desipis et sponsus desinis esse meus.
Displicet illa michi quia me tibi displicuisse
2290 fecit et antiquum uicit amore nouo.
Noster amor castus nec demonis arte petitus.
Hic perit, at noster non periturus erat.
Quem michi delegi, raptum tenet altera sponsum.
Sum uetus, illa noua. Me magis illa placet.
2295 Sed si uirgo parens ego sum quam predicat orbis,
ultio non deerit si uolo, crede michi.
Numquid non potero cicius punire reatum,
que Christum peperi, si michi pena placet?
Si matrem Christi mundo me constat haberi,
2300 numquid non potero quatinus ista luas?'
Talibus auditis, timor et tremor occupat artus;
uix quoque pro multis pauca locutus ait:
'O deitatis amor, o mundi gloria sola,
que paris absque pari, uirgo parensque Dei,
21v2 mater ubique potens, mitissima uirgo Maria:
etsi non merui, mitis adesto michi!
Non ego te fugio, nec te fugiendo relinquo;
sed sequor atque sequar tempus in omne meum;
sumque fuique tuus et ero per secula. Solam,

2310   si placet, hanc noxam uirgo remitte michi;
        quodque magis uereor, quia me mea crimina terrent,
          demonis insidias destrue, tolle, preme.
        Eripe, ne peream, me demonis a dominatu.
          Cedat et illius uis uiolenta tibi.
2315   Me michi surripuit proprie uiolentia carnis
          multiplicesque doli demonis arte sua.
        Me michi surripuit fera pessima faxque furoris,
          femina: sed fateor causa cupido fuit.
        Traxit amor cupidum, species seduxit amantem;
2320   materiam morbo dura repulsa dedit.
        Etatis leuitas confusa, repulsa pudore,
          dum uoluit uires uincere, uicta subit.
        Actus abest; uoluisse piget, quia sola uoluntas
          sufficit et penam promeruisse potest.
2325   Corde quidem uolui, sed non peruenit ad actum
          uelle meum; satis est me uoluisse tamen.
        Peste uenenifera totum corrumpere corpus
          fermenti modicum contaminando solet.
        Penitet, excessi: miserere, piissima Christi
2330   intemerata parens uirgo Maria, michi.'
        Plura loqui prohibent gemitus, suspiria, planctus,
          queque fluunt lacrime fontis ad instar aque.
        Virgo sed a lacrimis cessare piissima iussit
          uisaque post modicum micior inquid ei:
2335   'Pone metum, lacrimas, gemitum, suspiria, planctum.
          Sunt satis ad presens ista: futura time.
        Prima quidem grauis est grauiorque ruina secunda
          esse solet. Satis est te cecidisse semel;
        neue per illicitos rursus rapiaris amores,
22r1   amplius illicitis abstinuisse stude.
        Que tibi causa, stude, quid amor, quid pignus amoris:
          ex operum fructu res cito scire dabit.

2326   *uelle:* will, wish, desire (noun)
2327-8 I Cor 5:6 'nescitis quia modicum fermentum totam massam
        corrumpit'

Facta fidem uerbis facient, si forte sequantur;
pendet in arbitrio res tamen ista tuo.
2345 Ne tamen hoc facias quasi nolens atque coactus!
Liber es atque tui iuris, ut esse soles.
Omnis enim uel quem simulatio fingit
uel timor extorquet adnichilatur amor.
Hoc tamen, hoc unum certo tibi certius esse
2350 noueris et super his ne dubitare uelis,
quod nisi peniteas et ab his cicius resipiscas,
puniet excessus ultio digna tuos.'
Transiit his dictis tristemque reliquid amantem,
splendida stellifero stella recepta polo.
2355 Territus expauit iuuenis uultumque repente
et color et sanguis deseruere suum;
utque solent fragiles quas uellit ab arbore frondes
uis uiolenta nothi, sic sua menbra tremunt.
Corporis ebibitum testantur menbra cruorem,
2360 frigidiora gelu, pallidiora croco.
Ardor abit ueneris carnisque refriguit omnis
estus et illicite condicionis amor.
Conscius omnis abest, nisi mens que conscia sola
criminis in primis prima remordet eum;
2365 dumque sui secum causamque modumque reatus
discutit, ulterius displicet ipse sibi.
Accelerans igitur, uicinas presulis edes
intrat et illius se iacit ante pedes.
Visa refert seriemque rei totius ad unguem
2370 explicat, interpres criminis ipse sui.
Intima deficiunt, uires dolor ebibit omnis.
Nil nisi flere iuuat, hoc licet hocque libet.
Quam sit amarus amor et quam sit amoris amarus
exitus illiciti, res manifesta probat.
22r2 Tristis et exanguis commissa piacula plorans,
plangit et in lacrimas totus abire parat.
Sic igitur seuos compescuit ignibus ignes,
incestos castis continuosque nouis.
Flebilis astantem cunctum cum presule clerum
2380 ad lacrimas lacrimis compulit ipse suis.

Protinus illiciti placet in commune resolui
federa coniugii factaque nulla fore.
Irrita queque fore decernit et absque uigore
presulis et cleri concio tota simul.
2385 Pactio turpis erat et fraus sub imagine ueri
nec de post facto conualuisse potest.
Soluitur illicitus iuuenum consensus uterque;
alter ab alterutro dissociatus abit.
Nexibus illicitis iusta racione solutis,
2390 clericus ecclesie redditur, illa patri.
Virtutum studio uite commissa prioris
mox statuit redimi redditus ipse sibi.
Actibus illicitis animi uirtute repressis,
se premit; et licita uix licuisse licet.
2395 Ne caro consurgat uiresque recolligat ignis,
asperitate graui menbra domare studet.
Vimine, ueste, cibo carnem macerando rebellem
singula defraudat menbra uigore suo.
Erudit ad lacrimas oculos risumque refrenat.
2400 Debilitat uires sompnus et esca breuis.
Spiritus in tenui uix corpore solus hanelans
palpitat et uitam mortis ymago premit.
Iam sine carne caro, corpus sine corpore; mundum,
sit licet in mundo, deseruisse putes.
2405 Talibus intentus, extremi temporis horam
sedulus expectat sollicitusque timet;
qua ueniente tamen cum iam de corpore mortis
spiritus ad uitam progrederetur ouans,
uisa palam niuea morientis ab ore columba
22v1 exit, inoffenso tramite summa petens;
sicque solutus abit carnis de carcere liber
spiritus angelicis raptus ad astra choris.
Sic abit eductus de ualle necis tenebrosa
clericus ad uitam, uirgine matre duce.

2401 *hanelans = anhelans*
2409 *ab ore columba:* the dove issuing from his mouth symbolizes
his soul rising to heaven.

<De abbatissa inhonesta>

2415 Plurima cum reuocent tendentis ad ardua gressum,
fortius obsistunt spiritus atque caro.
Lis grauis et longa nimis est rediuiuaque semper
que solet in carnis condicione geri.
Bella timenda magis quecumque domesticus hostis
2420 sub specie pacis continuare solet.
Sepe quidem uincit, set raro uincitur. Unde
forcius exurgens rursus ad arma ruit.
Moribus et gestis fuit abbatissa uenustis,
uirginei custos formaque facta gregis.
2425 De sibi commissis ouibus studiosa regendis,
arctius instituit se prius ipsa regi,
quoque magis timidam reddenda de ratione
hinc et sollicitam contigit esse magis.
Sepius ad mentem reuocans quid culmen honoris
2430 exigat, officii fit memor ipsa sui.
Non quis honos, set quod sit onus dum pensat honoris,
hunc fugit, illius pondera seua timet.
Hinc prelatorum que pro mercede laborum
premia dantur auet; inde pericla timet.
2435 Cogitat assidue quia quo gradus altior omnis,
quelibet hinc grauior esse ruina solet,
dumque nimis rigida studet ordinis esse magistra,
seque gregemque grauat prima rigore suo.
Inuidie stimulos rigor immoderatus et iram
2440 excitat inque breui plurima corda replet.
Ira, parens odii subitique ministra furoris,
semina discidii germinat atque fouet.

2419 *domesticus hostis:* Satan
2423 *abbatissa:* abbess
2431 Play on the words *onus* and *honos* is found in many CL authors:
see A. Otto, *Die Sprichwörter und sprichwörtlichen Redensarten
der Römer* (Leipzig 1890) p. 167, no. 828. Nigel was particu-
larly fond of pairing the two words: see his poem in honour of
Prior Honorius (Epigram 2.2) and *Speculum stultorum* 246.

Hinc maledicta minas parit et dissentio rixas;
22v2   uixque suo capiti membra subesse sinit.
2445   Federa dirrumpit zelus indiscretus amoris
       et nimium rigida regula dampna parit,
       dumque sub austera regitur caro religione,
       corporis et mentis paxque quiesque perit.
       Nec tamen illa minus ceptis desistit, at illud
2450   quod semel incepit fortius usque tenet;
       nilque remittendum concepti dura rigoris
       estimat, immo magis addere plura studet.
       Viderat hec postquam totum qui circuit orbem,
       protinus inuidit spiritus ille malus,
2455   quaque putat fieri cicius leuiusque quod optat,
       hac magis insistit uiribus atque dolis.
       Et quia mortalis naturam conditionis
       infirmam didicit, fortius arma capit
       quosque quibus uiciis cognouit sepe uacare,
2460   amplius his aliis sollicitare studet.
       Et quia femineum sexum corpusque tenellum
       quemlibet ad lapsum pronius esse uidet,
       luxurie stimulos cecosque libidinis ignes
       uirginis in mente suscitat arte sua.
2465   Incipit ergo rudis rudibus subiecta ligari
       legibus et cursum dedidicisse suum.
       Lumina, lingua, manus solita grauitate relicta
       mirantur studia deseruisse sua.
       Uritur igne nouo subito succensa calore,
2470   cum tamen ignoret quidue uel unde sit hoc.
       Mitior est solito multoque remissior instat
       ordinis officio, mitis amore nouo.
       Quod prius austera nulla ratione uolebat
       sustinuisse, modo sustinet atque probat.
2475   Quod damnare prius quod et exhorrere solebat,
       nunc minus est odio quam fuit ante sibi.

2453   On the Devil as the one who traverses the globe, see Iob 1:7
       and 1795 above.

Ergo quod affectat stimulo stimulante furoris,
23r1   nocte dieque studet conciliare sibi.
       Incidit in iuuenem tandem — miseranda iuuentus! —
2480   concipiens utero crimen onusque suo.
       Criminis admissi mentem dum culpa remordet,
          mitior atque minus imperiosa manet.
       Dissimulando diu multa grauitate reatum
          texerat et facti concia rara fuit.
2485   Tecta diu latuit, astutia set mulieris
          quid non percipiat calliditate sua?
       Quid patiatur amans uel quo patiatur amore
          percipit a simili conditione sui.
       Hec uultus uarios, uarias notat illa dietas.
2490   Hec somno grauidam percipit, illa gradu.
       Singula signa notant que postquam consona cernunt.
          Quod prius audierant, uerius esse putant.
       Et color et facies et que male cetera produnt
          uiscera pregnantis signa fuere satis.
2495   Leta quod ulcisci se contio tota sororum
          posset et optatum tempus adesse uidens,
       quatinus accedant et certius experiantur
          an ita sit, clerum pontificemque rogat.
       Obstupefactus ad hec clerus cum presule certum
2500   quo ueniant statuunt ista probare diem.
       Quod postquam misere miseras peruenit ad aures,
          ingemuit grauiter, tacta dolore graui.
       Anxia quid faciat, cui se committat, et unde
          postulet auxilium, nescit amara nimis,
2505   quodque sui sexus proprium primo solet esse,
          soluitur in lacrimas sola relicta sibi.
       Cum sit utrumque graue, grauiter formidat utrumque:
          hinc gregis insidias, presulis inde minas.
       Omnibus exosa, cunctorum sola fauorem

2484   *concia = conscia.* Translate 'and rare was the woman (i.e. the
       sister) who was aware of her actions.'
2489   *dietas:* diet

2510 mesta nec inmerito demeruisse uidet.
Ante diem partus, sic parturiendo dolores
fit uelut in partu deperitura parens.

23r2 Singula dum memorat et secum sola retractat,
unica spes superest de genitrice Dei.

2515 Hanc et non aliam solam superesse Mariam
quam cupit ad ueniam conspicit esse uiam.
Ergo recepta loco quo multiplicare Marie
illud dulcisonum sepe solebat aue,
materiam uerbis causa prestante doloris

2520 taliter optatam uirginis optat opem:
'O sine sola pari, que uirgo parensque uocari
sola potes, solam respice, uirgo parens.
Hanc peccatricem, peccati nescia sola,
respice respectu quo potes atque soles.

2525 Sordidior cunctis, sceleratior omnibus una,
en ego sum quam tu soluere sola potes.
O pia, postque Deum miseris spes prima salutis,
da, precor, auxilium consiliumque michi.
Quam michi nemo potest nisi tu largire salutem;

2530 quam sim sola uides quamque relicta tibi.
O sine qua nullus et per quam quisque fidelis
sperat opem uenie, uirgo parensque ueni!
Virginitatis honos, decus et decor o mulierum,
offensum placidum redde, benigna, Deum.

2535 Te moueant gemitus, lacrime, suspiria, planctus;
nec uelis admissi criminis esse memor.
O sine fine pia, mitissima uirgo Maria,
uirgo parensque Dei digna, memento mei.
Sim licet horribili polluta libidinis estu

2540 et quasi sus fedo contaminata luto,
tu tamen una potes meritis precibusque benignis
me miseram nato conciliare tuo.
Mater ab instanti poteris tu sola pudore
si placet eruere meque iuuare modo.

2545 Virgo parens hodie si me saluaueris, ipsam
me tibi deuoueo tempus in omne meum.'
Talia deplorans modicum soporata quieuit,

23v1   fletibus irriguis lumina fessa rigans.
        Nec mora, spiritibus mater comitata duobus
2550   astitit angelicis, talibus orsa modis:
        'En ego uirgo parens, quam tu miseranda uocasti.
        En assum, precibus sollicitata tuis.
        En ego, quam fueras multumque diuque secuta,
        grata comes, grata dum tua uita foret.
2555   Nonne sacrata Deo uitam cum ueste professa
        uirginitatis eras meque pudica sequi?
        Federa rupisti quibus agno iuncta fuisti,
        ut sequereris eum munda sequendo Deum.
        Irrita fecisti quecumque Deo pepigisti,
2560   dum sine lege ruis legibus usa tuis.
        Irrita sunt facta tua uota priora, subacta
        carne tua uiciis luxurieque uiis.
        Sed quia sum memorum memor indefessa meorum,
        non possum meriti non memor esse tui.
2565   Hac uice subueniam nec dura nimis tibi fiam,
        <possis> ut ad ueniam me duce nosse uiam.
        Noueris ergo Deum tibi dimississe reatum
        quodque petis tibi me subueniente datum.'
        Dixit et exceptum puerum de uentre parentis
2570   angelicis manibus misit ab urbe procul,
        hoc in mandatis uicino dans heremite
        ut puerum foueat instituatque bene
        donec septennis factus maioribus aptus
        esse queat studiis tunc adhibendus eis,
2575   sicque leuans grauidam furtiua prole parentem
        uirgo parensque Dei talia rursus ait:
        'Presulis ecce timor, populi pudor, ira sororum
        morbi materia depereunte perit.
        Quicquid in instanti timuisti ferre pericli,
2580   en ego deposui compatiendo tibi;
        iamque nichil superest, nisi quod redimendo reatum
23v2   de reliquo studeas uiuere casta Deo.

2567   *dimississe = dimisisse*

Criminis admissi semper memorando, studeto
uirtutes uiciis opposuisse tuis.
2585   Nec nimium rigidam, set nec nimis esse remissam
expedit, at mediam tuta teneto uiam.
Sit moderata tui discreti norma rigoris.
Non tibi sed reliquis mitior esse uelis.
Qualiter alterius et quam cito te misereri
2590   conueniat, docui prima miserta tui.'
Dixit et abscedens tristem letamque relinquens
scandit ad etherei lumina clara poli.
Surgit at illa celer, ueteri grauitate relicta
qua grauiter grauidam contigit esse diu;
2595   cumque noui partus uestigia nulla manerent,
miratur partus de nouitate sui.
Absque dolore quidem nec uisceribus patefactis
contra naturam se peperisse uidet.
Qualiter intacta puer est exceptus ab aluo,
2600   nec sensisse potest nec ratione capit.
Venerat ergo dies cause prefixus eidem,
uenerat et populus urbis ad illud idem.
Sederat hinc presul iudex, stetit inde sororum
turba procax dictis exhibitura fidem.
2605   Affuit et timida nimis abbatissa, Mariam
patronam cause constituendo sue.
Quam procul aspectam statim secedere iussit
presul ab aspectu; cesserat illa cito
transmittensque duos ad eam de more ministros,
2610   certius inquiri singula queque iubet.
Explorant igitur primo que uenter at inde
ubera que super hiis signa referre solent.
Quid color aut pulsus, quid cetera menbra loquuntur,
querere districte solliciteque student.
2615   Sed nichil est in ea signo quocumque repertum
24r1   quod uel pregnantem uel peperisse notet.
Nam macilenta nimis facie, gracilisque per aluum
nil quod dedeceat subtus inesse docet.

2586   Cf. Ovid, *Met.* 2.137 'medio tutissimus ibis.'

Ubera dura nimis et prorsus sicca sorores
2620   obiecti faciunt criminis esse reas.
Et color et facies et cetera queque notata
    mendacem faciunt criminis esse notam.
Nec mora, transmissi redeunt, iurare parati
    quod nichil est quicquid publica fama sonet.
2625 Deceptum grauiter dicunt cum presule clerum
    et populum falsa suspitione fore.
Talibus auditis, alii mittuntur, at illi
    hoc referunt primi quod retulere prius.
Obstupefactus ad hoc presul festinat et ipse
2630   corruptos metuens munere siue dolo;
cumque nichil uicii penitus reperisset in illa,
    protinus illius sternitur ante pedes,
confessusque palam quoniam peccasset in illam,
    postulat ignosci ciuibus atque sibi.
2635 Vidit ut hec populus numerosaque turba sororum,
    talia mirari non potuere satis.
Talibus aspectis, confusa rubore secessit
    fama loquax, telis uulnera passa suis.
Presul et a cella necnon et ab urbe sorores
2640   utpote mendaces iussit abesse procul.
Quod tamen illa uidens subito compuncta, seorsum
    presule deducto tecta retexit ei.
Qualiter acciderit proprium retegendo reatum,
    singula pontifici prona referre studet.
2645 Qualiter in sompnis peperisset et absque dolore
    narrat et in partu uiscera clausa fore,
qualiter ex utero puer est eductus et ad quem
    missus alendus erat, quo duce, quaue uia;
quin etiam puero quotus est prefixus alendo
2650   annorum numerus enumerauit ei.
Talibus auditis, heremitam iussit adiri
24r2   presul, ut inquirat de nouitate rei.
Nuntius ergo celer heremo redit atque reuersus
    inuentum puerum nuntiat atque senem.
2655 Quo celer audito puerumque senemque uidere
    currit et antistes certior esse uolens.

Hinc infans uagiens hodie genitricis ab aluo
editus, annosus cernitur inde senex;
poscentique senex quisnam puer esset et unde
2660 pontifici tandem talibus orsus ait:
'Hunc ex parte sua puerum transmisit alendum
angelicis manibus uirgo Maria michi,
omnimodam puero mandans impendere curam
donec adimpletus septimus annus eat.
2665 Angelicis manibus huc est allatus ab ipsa,
que super angelicos considet alma thoros.'
Talibus auditis, puero compassus et ipse
presul sollicitum postulat esse senem;
magnificansque Deum super hiis, conuersus in urbem
2670 uirginis obsequiis artius inde uacat;
utque puer primos septem compleuerat annos
iuxta quod statuit uirgo parensque Dei,
presulis ex heremo cura mediante reuersus
maiorum studiis erudiendus abit.
2675 Moribus et gestis qui postquam creuit honestis,
presule defuncto fungitur ipse throno;
moxque gradum nactus, impleuit presulis actus,
inuigilans studiis nocte dieque piis.
Dampna sui generis morum probitate redemit,
2680 omnibus et solis omnia solus homo:
in domino seruus, ouis in pastore, minister
in primate fuit, in dominante cliens.
Cuncta resarciuit que uel nota conditionis
fortuneue status destituere prius.
2685 Moribus egregiis materni probra pudoris
abstulit, excusans ille quod illa fuit.
Dampna pudititie soboles genitricis ademit;
24v1 abstulit et neuum nobilitate sua;
sicque quoad uixit, magis officiosa Marie
2690 uota nec inmerito soluit amore pio.

TEXTUAL NOTES

C refers to British Library MS. Cotton Vespasian D.xix and *A* to British Library MS. Arundel 23 (folio 67).

31	memorem *ed.:* memoraem *C*
110	hec *ed.:* hic *C*
118	nimis: sitis *C, corrected in MS*
157	tenaces *ed.:* tenenaces *C*
188	solet *ed.:* sole *C*
197	teritur *ed.:* territur *C*
214	non *ed.:* no *C*
264	sibi *ed.:* sib *C*
266	tenebras *ed.:* noctei *C*
304	nocte *ed.:* noctei *C*
310	contulit *ed.:* constulit *C*
327	flammis *ed.:* flamis *C*
333	facie *ed.:* faciie *C*
337	subeunt *ed.:* subueunt *C*
345	*MS suggests punctuation between* terra *and* faui.
434	personet *ed.:* personat *C. Cf. Sedulius* Hymn I *(PL 19, 753-4, and CSEL 10, 155), and William of Malmesbury* De laudibus et miraculis *(ed. Canal, p. 80).*
437	tanta *ed.:* tantus *C*
464	trucior *ed.:* tucior *C*
501	auxilium *ed.:* axilium *C*
514	madet *ed.:* manet *C. Cf. 515.*
533	adiens *ed.:* adiiens *corrected to* aditus *C?*
618	*Another line follows:* Presulis errorem uentum rapientis honorem. *After this verse appears what is possibly a cancellation mark, and no pentameter follows to complete the distich; but the pentameter may have been written in the margin and trimmed off, because a few letters are still visible in the left margin.*
625	attenuatis *ed.:* atenuatis *C*
636	putant *ed.:* putat *C*

660-61   *Title omitted in MS, supplied from corresponding section in William of Malmesbury* De laudibus et miraculis *(ed. Canal, p. 82).*

695   producta uirgo *ed.:* uirgo producta *C, with marks for transposition*

829   submergerer *ed.:* submergeret *C*

841   aspectu *ed.:* asspectu *C*

866   consona *ed.:* cosona *C*

921   *Penultimate word must be* uoce, *but looks like* uice *because* o *is squeezed against* c.

967   *Last word of line partially obscured by erasure, showing only* oris; figuris *supplied by ed. as fitting both sense and meter.*

1007   ebrietatis *ed.:* ebritatis *C*

1016   ne *ed.:* no *C*

1023   inuiolatus *ed.:* iuiolatus *C*

1024   amore *ed.:* amor *C*

1032   inhonestabat *ed.:* inhonestatem *C*

1037   claustra: castra *C, corrected in MS*

1051   nequibat *ed.:* nequiebat *C*

1063   stipite *ed.:* stepite *C*

1068   licet *ed.:* licet decet *C*

1071   inuidet *ed.:* iuidet *C*

1077   ante pedes: ante ueniens *C, corrected in MS*

1208   senum *ed.:* saenum *C*

1221   et se *ed.:* nec se *C*

1226   inuidie: *'corrected' wrongly in C to* inuidia

1279   probaro *ed.:* probarum *C*

1344   errasse *ed.:* erasse *C*

1385   En Egiptie pia *ed.:* En egi   pia *C (lacuna of about 5 spaces; 2 or 3 syllables are required)*

1404   breuis *ed.:* breui *C*

1474-5   *(Title)* communicante *ed.:* comunicante *C*

1554   optatam *C:* ob tantam *A*

1556   suo *C:* parens *A*

1559   pappa *ed.:* papap *C,* papa *A. The scribe (if not Nigel himself) may have used the spelling* papap *to avoid hiatus.*

1565-6 *omitted in A*
1567   igitur puero *C:* puero pueri *A*
1572   inquirens *C:* iniquirens *A*
1575   mente *A:* mentae *C*
1579   fidelem *omitted in A*
1580   *A concludes with two additional hexameters:* Ecce puer
        signo panem dum porrigit isti / uox data de ligno pro-
        mittit gaudia Christi.
1610   ista uel illa *ed.:* illa uel illa *C. Cf. 1608.*
1735   urbem: orbem *C, corrected in MS*
1773   quod *ed.:* quid *C. Note* illud *in 1774 and cf. 1137-8.*
1897   *Note in the margin the addition of the word* superbos.
        *It is impossible to judge whether the scribe made the
        addition because he remembered his Virgil (* Aen. 6.853)
        or because he had consulted another text of Nigel.
1932   dedidicere *ed.:* dedicere *C*
1978   sacri *ed., to fit required sense and supply two missing
        syllables*
1982   idem *ed.:* item *C*
2125   iuuet *ed.:* iuuat *C*
2127   necesse *ed.:* neccesse *C*
2182   studet *incorrectly expunged in MS*
2183   macilenta *ed.:* macillenta *C*
2283   casto *ed.:* casta *C*
2360   pallidiora *ed.:* palidiora *C*
2414-15 *Title lost through trimming, supplied from William of
        Malmesbury* De laudibus *(ed. Canal, p. 154).*
2463   libidinis *ed.:* libininis *C*
2507   formidat *ed.:* formidet *C*
2566   possis *ed., replacing two syllables dropped out because
        of erasure*
2585   nimium *ed.:* nimiaum *C*
2641   compuncta *ed.:* compucta *C*